ヘルメス・ギーター

ヘルメス・J・シャンプ 著

HERMES GITA

ナチュラルスピリット

主よ、御心のままに

【1】

ある御方のところに、ひとりの探求者が訪れた
探求者は尋ねた

あなたが、あの本を書かれた方ですね？
師よ、どうか私に真理を教えてください

ヘルメスは答えた

わたしは何も知らない
わたしは何もしていない

探求者は言った

師よ、そのように言わないでください
お願いです、ちゃんと教えてください

私にはわからないのです
私は、救われたいのです
私は、真理を知りたいのです

ヘルメスはしばらく沈黙したあと、答えて言った

彼もまた、あなたと同じように、ずっと昔に在る御方のもとに行きました
彼もまた、あなたと同じように、教えを乞いました
教えを聞いて、わたしは在る者だ、と思考で理解はしても
教え自体を生きるのは、そう簡単ではありませんでした

思考を生きることと、愛を生きることは、まったく異なるのです
思考で生きることは死ぬことであり、人の子です
愛で生きることは永遠の命を生きることであり、神の子です

愛で生きるとき、あなたはこのように自覚します

わたしは何も知らない
そして、わたしは何もしていない、と
〝それ〟は全ての全てであり、ただ〝それ〟のみが実在する、と

【2】

ある御方は語りを続けた

よく聞いてください

本を書いた誰か、が実在するでしょうか
あなたは、人間という形を見て、その形が言葉を用いて話すのを聞きます
ですが、その人間とは何か、をあなたは知りません

私は知っている、と本当に言えるでしょうか

たとえば、人型ロボットが話をしているとします
誰が話しているのでしょうか?
それはプログラムされた機械に過ぎません
数多くの部品で構成された、プログラムでしかないのです
彼という者が存在し、彼が話しているわけではないのです

いっとき、この地上に現れて、そして消えていく
彼は実在でしょうか?
あなたの言葉と身体もまた

現れては、消える
つねに変化をし、実体がない
世は無常であり、時というものが本当に存在するのかさえ
あなたは本当には知らない

私は知っている、と本当に言えるでしょうか

一枚の枯れ葉は、いったいどこから生まれ
いったいどこに消えていくのでしょう
風はどこからやってきて、いったいどこに行ってしまうのでしょう
水もまた、いったいどこからはじまり、どこに終わりがあるのでしょうか

それらを見ることが可能なのは〝今〟だけです

お話ししていることを、ご理解頂けるでしょうか
本を書かれた誰か、あるいは彼、その現象はもうこの世に存在しないのです

わたしは何もしていない
わたしは何も知らない

これが、霊として在る者の在り方なのです

彼が本を書いたでしょうか？
いいえ、彼は知りません――

ここで、探求者が尋ねた

でも、あなたは自分が本を書いたと知っています、違いますか？

ある御方は答えて言った

よく、聞いてください

たしかに、私は本を書いたことを知っています
ですが、その私とはいったい何なのでしょうか

それは記憶であり、記憶は思考です
が、思考は、見れば消えるのです
思考は、現れては消える実体のない幽霊です
真の霊ではありません

「私は本を書いた」とは記憶です
記憶は思考であり、思考は実在のものではありません
では、「私は本を書いた」もまた、実在ではないでしょう
それなら当然、今の彼は、その本を書かれた彼をもはやまったく知らないのです

ここで、勘違いがないように一応述べておきます
私は何も知らないと言って責任逃れをする、という話をしているのではありません

むしろ、自らに責任の全てを持ったすえ、わたしは何も知らない、と言うのです

思考あるいは記憶、言うならば過去の全ては
もうどこにも存在せず、存在しないがゆえに
どこにも見つけることができません
見れば消える、そう、記憶は思考であり
見れば消える、どこにも存在しない
過去の自分がどこにも存在しないがゆえに
一切の重荷から自由である

では、その一切の重荷から自由である彼とは、いったい何なのでしょう？
彼は自分を、思考ではなく記憶でもない、と言います
思考があり、記憶はたしかにあるけれど
次の瞬間には過去になる思考、また、その過去そのものである記憶は全て
〝今〟はどこにも実在してはいない

では、その〝今の私〟とは何なのか？

存在しないものを、知ることはできない

ゆえに、私は何も知らない
私は何もしていない

この、偉大なる智慧を飲み干してください、今すぐに！

思考は現れては消えます
それゆえ、もしもあなたが思考を信じるならば
あなたはやがて死に、そしてまた生まれるでしょう
思考は、見られれば消える実体のない幽霊です
それは無常です
無常とは変化を繰り返すことであり
変化を繰り返すことは平和でも安定でもありません
それゆえ、もしもあなたが思考を信じるならば
あなたは同じことを繰り返し続け
そして、平和でもなく、安定することもあり得ないでしょう

では、あなたは思考なのでしょうか
すると、探求者がまた尋ねた

ええ、それはわかります、わかるのです
頭では理解できるのですが、では、いったいどうすればよいのでしょう?

ある御方は答えて言った

その「いったいどうすればよいのか?」が悪魔の声なのです
いったいどのようにすればよいのか? とは何でしょう?
それは思考です
思考は真実ではありません
思考は真実ではなく、安定でも平和でもないので
思考が平和と安定、安心と幸福をもたらすことはあり得ないのです

もしもこのことを本当に理解するなら

もうあなたは即座に思考を放棄するでしょう

もちろん、ご飯が食べたければ、ご飯を食べます
そこに問題はありません
トイレに行きたくなったら、トイレに行きます
そこに問題はありません
が、もしもあなたが「私は――」「私の――」という主体を用いて思考するなら
そこで問題が生まれるのです

では、生まれたのはいったい何でしょうか
いったい誰が生まれたのでしょうか
それまで存在していなかったのに、そこで何かが生まれたのです
そして、新しく生まれたものは、やがて消えます
現れたものは、必ず消えるのです
それが思考の本質であり、この世の本質ではありませんか？

これは、救いの言葉でもありながら

自我にとっては悲しみの言葉です

ご飯を食べるのに、なぜ問題が発生するのでしょう
それまで消えていた「私」が突然現れ
私はこれが良い、私はこれが嫌だ、なら、私が苦しむでしょう
もっと多く、もっと少なく、もっと味は濃く、もっと味は薄く、なら
そのように思う私が苦しむのです

なぜ、「私は知っている、よく、知っている」と言うのでしょう
この知識が災いそのものなのです
私はよく知っていると言う自己が、自ら苦しみを食らうのです

この偉大なる智慧を一気に飲み干してください、今すぐに！

が、誰もそれを苦しみだとは理解していないのではないでしょうか

さて、重要なのは、ここからです

ある御方は、いったん静かになり、それからまた話しはじめた

これから話すのは、非常に重要であり、要《かなめ》の中の要です
よく、聞いてください
よく、考えるのです

あなたは本を読んだり、あるいは誰かの話を聞いて
思考はあなた自体ではないことを知りました
そして、苦しみとはまさにこの思考が作り出すものだ
そのように理解もしているかもしれません

が、あなたが本当に理解しなければならないことは
全てが自動的に起こっている、ということなのです
あなたは、このことを実感しなければなりません
思考で考えて答えを出すというのではなく
直接知ること
実感することが大切なのです

あなたは、実際に自らの思考を見ましたか？

ええ、と探求者

では、見ると消えてしまう、あるいは
見るぞ、と真に目を見開いていると
まったく思考が現れなくなることを知っていますか？

つまり、その瞬間、いいですか、まさにその瞬間
あなたは思考ではありません
それは、まさにその瞬間の事実、真実ではありませんか？
あなたはそれを、まさにその瞬間、直接認識しているのです
あなたは、直接知ったのです

教えを実際に生きるとは、まさにこの瞬間のことです

さて、要と言ったのは、ここからです

思考は、自動的に起こりませんか？

それは、あなたが起こそうとして、起こしているわけではないのです

あなたは何もしていません

あなたは何も知らないのです

それは、自動的に起こりました

違いますか？

今でさえ、それは自動的に起こっています

どの瞬間も、全てが自動的に起こっているのです！

【3】

ある御方は話を続けた

彼が、師である在る御方のところへ行ったとき
在る御方はそのことを彼に教えてくれました
しかも、かなり具体的に
彼は、まさに自分が、そのことを知るために
その物語の外から自分を見ているかのように感じました

自分では、何も変えられない
全ての物語がすでに書かれており、起こることは起こる
起こらないことは起こらない、と

彼は、小説の主人公を見て思いました
彼には、自分の人生を変えることはできないのだ、と

話すべきことを話し、聞くべきことを聞いて
やるべきことを、やるしかないのだ、と
だからクリシュナはギーターの中で、逃げずに仕事をしなさい、と言われたのです
あなたは、やるべきことをやりなさい、と
結果は、あなたの手にはなく、関係もない、と

彼はさらに思いました
真の自由とは、その物語から自由になることである、と
束縛とは、この思考であり身体であり
すなわち、この物語そのものである、と

もしも、人の子として死ぬなら、また人の子として
あるいは地上の何か他の生き物や物体として生まれるだろう
それは繰り返し束縛され続けることに他ならない

すると、彼に自動的に思考が起こりました

これら全てが自動的に起こっているなら
私は何もしていない、と
そして、私は何も知らない、と
そして、彼はふたたび問いました
わたしとは何か
そう、わたしとは何なのか？

【4】

ある御方は話を続けた

映画、小説、あるいはこの人生
その物語の主人公である「私」に必要なものは
すべて与えられます
いや、すでに、与えられているのです
なぜなら、それはすでに書かれているからです

物語の中の「あなた」に必要なものが、欠けることはあり得ません
あなたが求めれば、それは与えられる、と言われますが
わたしは言います
あなたが求めるものは、すでに与えられている
それゆえ、全てはすでに完全であり、完璧である

映画がはじまったその瞬間

すでに結末は終わっています
あなたは、完成された映画を見るのであって
制作途中の現場にいるわけではありません

これが、いかに救いの言葉になりうるか
あなたにおわかりになるでしょうか

空を飛ぶ一羽の鳥でさえも、〝それ〟の働きです
〝それ〟の働きが休まれることはありません
大地の、たった一本の樹でさえも、いかに芽吹き
いかに成長し、いかに朽ちていくか、すでに完成されています
そして、あなたの身体さえも！

一粒の種の中に、その樹の全てが含まれており
その一本の樹の中に、一粒の種の全てが含まれているのです
すでに完成されて！

あなたの中に世界の全てが含まれており
世界の中にあなたの全てが含まれています
あなたは世界であり、世界はあなたです

私はあなたであり、あなたは私です
私の中にあなたが存在し、あなたの中に私が存在します

〝それ〟の中に私もあなたもおり
私とあなたの中に〝それ〟があります

真我は世界であり、世界は真我です
が、世界が消えても真我が消えることはありません

私はあなたであり、あなたは私です
が、私もなくあなたもまた存在しません
私とあなたが消えても、私とあなたの中にある〝わたし〟だけは消えません

〝わたし〟とは〝それ〟のことです
私もあなたもみな〝わたし〟であり〝それ〟です

〝わたし〟が在るがゆえに、世界があります
が、世界が消えても〝わたし〟が消えることはありません

さて、このことを理解して頂くために
眠っているときの夢の話をしましょう

あなたは眠っています
そして、夢を見ました
夢の中で、あなたはたくさんの人々に出逢い、別れ
素敵で美しい場所を歩いて、たくさんの体験をしました
夢から覚めて、あなたは思います
夢か、と

目の前には、部屋の景色があります
他には誰もいません

さて、夢の中身の全てが、あなたの中にありました
たくさんの人々も、出逢いや別れの経験も、素晴らしい場所さえも
全て、あなたの中にありました

その全てを、あなたが、すなわち思考が作り出したのです
あなたが無意識に保持しているイメージの全てが、夢として現れます

あなたは、こんな人は知らない、こんな場所は知らない
こんな経験もしていないし、いったい何だったのかと思うかもしれませんが
その夢の全てを作り出したのはあなた以外の誰でもないのです

それが無意識の投影であるがゆえ、あなたは自分が作り出したと感じられないのです
なぜなら、あなたは無意識に無意識だからです

さて、ここで一つ、記憶しておいてください
「これはあなたが作り出したのです」と言うとき
「目の前の全てはあなた自身の投影である」と言うとき
つまり、「全ての責任は私にある」ということです

これはまた、のちに話しましょう

時間をほとんど感じない夢の中では
思考した（イメージした）ことが即座に実現されます
あなたがこのことを自分で確かめたいのなら
〝気づき〟を養えばよいのです
そうすれば、あなたはここに書かれていることが事実かどうか
はっきりとわかるはずです

無意識というものが普段
いかに、自分が考えていないものか、自覚されるでしょう
そして、いかに驚異的な力があなたの内にあるのかも

理解されることになります
なぜなら、あなたがその夢のすべてを作り、投影したのですから

あなたの中に、全てが在るのです
そして、すべての中に、あなたが在るのです

私があなたの前に現れたのは
あなたの中に私がいるからであり
あなたが私の前に現れたのは
私の中にあなたがいるからに他なりません

すでに、いい、いたのです、イメージとして！
現れる前から！

あなたが在るゆえに、あなたの夢の世界が存在します
が、あなたの夢が消えても、あなたが消えることはありません

もう一度、言います
あなたが存在するがゆえに、あなたの夢の世界が存在します
が、あなたの夢が消えても、あなたが消えることはありません

なぜでしょうか

なぜなら、あなたは布団で眠っているだけだからです
夢は、どこにも存在していません

あなたが夢から覚めて、目覚めたあと
どこをどう探しても、夢の中身を見つけることはできないでしょう
それはたしかに現れたかもしれません
が、現実ではないのです

私たちは、夢についてこのように言うことしかできません

それは現れたかもしれないが、現実ではない

それは現れたかもしれないが、どこにもその存在を見つけられない
存在を見つけられないがゆえに、それは実在しない

それは夢である
それは夢であり現実ではないが
それは私の中にあった
私が存在するがゆえに夢は存在した
私と夢は何か異なったものではない
だが、夢が消えてしまっても、私が消えることはない
夢は存在した、ように見えるが、それはどこにも存在しない

これは、「過去」というものにも同じく、等しく言えることです
過去はもう、どこをどう探しても、どこにも存在しません
過去とは、過ぎ去った今日のことです
今日は、明日には過去になります
では、今日もまた、実際にはすでに存在しないことになりませんか？

そして、これから現れる未来もまた同じことなのです
今日が、明日には過去になり、そしてまったくそれが存在しないなら
今日という日もまた、すでに実在していないのです

おわかりになりますか?

さて、夢の話に戻ります、では、いったい誰がその夢を見たのでしょうか?

夢の中であれこれ体験したのは、布団の中のあなたでしょうか?
それとも、夢の中のあなたでしょうか?

夢の中であなたはたくさんの会話をしましたが
眠っているあなたが話したのですか?
それとも、夢の中のあなたという存在でしょうか?

あなたは、夢から覚めたあと
あたかも自分が体験したかのように感じます

感覚や、感情さえも、あなたは記憶しています
が、あなたはただ布団で眠っていただけです
けれども、たしかにそこ、夢の中には「私」がいました
そして、夢の中では布団や、そこで眠る肉体の感覚はなかったのです

ここで、一つはっきりさせてください
肉体は、けっして確かなものではない、ということです
つまり、それもまた、現れては消える、ということです
「死」というものが、仮に身体的なものだけであるなら
「私」は死なない、ということです

さて、続けます
たくさんの人々、男性や女性の身体が、たしかに夢の中に存在していました
全て、あなたが作り出した身体、顔、相手の声、相手の言葉です
あなたには、それら全てを自分の中に作り出す力があるのです

心の中に、まず「私」という感覚、「私」という想いが現れます

これが、自我です

真我である〝わたし〟は、分離したものを知っていますが
それは実在ではないため、それには関わりません

つまり、たとえば「私」が「あなた」に大嫌いだ、と言ったとしても
〝わたし〟は無関係なのです
〝わたし〟は何もしていないし、何も知りません
なぜなら、実在は実在しか認識しないからです

が、あえて言うなら、このように言うこともできます
真我は、分離したものを知っており、幻想であると確実に知っている
それゆえ、幻想を知っていても、知っているがゆえ、幻想としか認識しない
これは、あなたが思考で、「これは幻想だ」と思い込むこととは違います
まったく異なる状態です

夢を見たのは、いったい誰でしょうか?
夢を見たのは、夢の中の「私」そのものであり
布団で眠っていた「私」と同じです

夢の中の身体は、「私」の、この世界に存在するかのような身体より
もっと繊細な身体です
それゆえ、時間がほとんどありませんし
それは重力があまりない、ということでもあります
時間が存在しない、ということではありません
経過のスピードが異なる、というだけのことです
時間と空間とは同じものであり
空間の中の重力もまた、少し異なる、というだけです
先に述べたように、ここですでに、布団の中の身体は存在していません!
現れていたものが、消えているのです

夢を見たのは、「私」です
では、〝わたし〟が夢を見たのでしょうか

いいえ、〝わたし〟は夢を知りません
夢には関係していないのです
なぜなら、〝わたし〟は夢ではないからです

夢見る者が、夢そのものなのです
イメージを見る者が、イメージそのものなのです
あまりに当然のことですが、思考が現れるとき、思考は存在します
が、思考が消えると、思考は存在しません
そして、「私」が消えると、世界も消えるのです
あなたが熟睡しているときのように
なぜなら、私は世界であり、世界とは私そのものだからです

思考者とは思考そのものであり
思考者と思考とは別々ではないのです

イメージを見る者が、イメージそのものです
夢を見る者が、夢そのものなのです

〝わたし〟は夢を見ません、ですから、〝わたし〟は夢ではないし
夢とも関係がないのです
仮に、もしも〝わたし〟が夢を見るなら、〝わたし〟は夢と関係することになります
が、〝わたし〟は関係してはいないので、それゆえに実在で在るのです

では、「私とあなた」はイメージなのでしょうか
ええ、その通りなのです

つまり、「私とあなた」は、夢見る者でありながら
夢そのものなのです

では、実際に確かめてごらんなさい

思考を見れば、思考は消えます
思考を見ようとするのは、「私」です
では、この「私」という想念、あるいは感覚を見ようとしてごらんなさい

「私」を捕まえようとしてごらんなさい

たしかに、あなたは「私」を見ることができます
「私」という感覚を捕らえます
ゆえに、あなたは「私」ではありません
そして、あなたはこうも自覚するでしょう

普段の私は、まさにこれ「私」と一体化している、と

あなたが「私」を知覚しようとするとき
「私」を見ようとするそのとき
あなたは、「私」の一歩後ろに下がる感覚を受けるかもしれません

が、重要なのは、ここなのです

誰が、この「私」という想念を見ようとするのでしょうか
それは「私」です

が、あなたが自己の「私」を見るまさにその瞬間
あなたは、まったく身動きができないような感覚に陥るでしょう
また、あなたは、「え、私が私を見ようとしている？ん？」
と、少し混乱してくるかもしれません

よく、聞いてください
「私」という想念を見ようとするのは「私」であり「私の思考」です
が、ここです
あなたが「私」を見るまさにその瞬間
見ようとする者が誰もいないことを知るのです

この言葉を、胸に留めてください
あなたが「私」という想念を見るまさにその瞬間！
見ようとする者が誰もいないことを知るのです！

知る、と表現しましたが、誰かが何かを知る、ということではないのです
見ようとして、見るまさにその瞬間
あなたは、誰も存在しないことを認識します

そこには、ただ〝気づき〟だけしかないのです

このように言ってよければ、ここが一つの境目です
自己の心を観察して、自己を修正しようとするのは「私」です
「私」が観察者であり、分析者です
が、この境目から手前は、観察者も分析者もおりません
つまり、〝気づき〟は行為者ではないのです
それを観照者というのです
観照者は、真我であり、真我の手前であり
それ自体が、すでに一つのサマディーの状態でもあります
〝気づき〟そのもの
が、もしも「私」の思考に同一化したなら、それは観照者ではなく映画の鑑賞者

観察者であり、分析者となるのです

繰り返しますが、「私」を見るまさにその瞬間
ただ〝気づき〟となるのです
あなたの洞察力、直感が鋭く輝けば
まさにこの瞬間、この〝気づき〟は世界とは何も関係していないと認識するでしょう

が、はじめはこのようにうまくはいかないでしょう
「私」が「私という想念」を見たまさにその瞬間
完全な静寂があなたと共に在りますが、すぐにあなたの「私」が言います

あ、これ、これのこと？
あれ、でもまた私は考えている？
見ていない？ など

そうして、革命的な瞬間を逃すのです

判断してはなりません
結果を求めてはなりません
いかなる分析も不要です

なぜなら、真我すなわち〝わたし〟の辞書には
判断をすること（取捨選択）
結果を求めること
分析し、解析し、思考して結論を出すこと
自己の価値観で、対象を裁くこと
罪を押しつけること、あるいは罪自体の存在
これらのような文字、すなわち思考は存在しないからです

まさに、その瞬間に、じっと留まりなさい
考えるのは「私」であり「心」の働きです
あなたは、「私」でも「心」でもないのです

もしも、「私」と「心」が平和と幸福をあなたにもたらすなら

「私」と「心」、すなわち人の子を選択すればよいのです

が、もしも平和と幸福をもたらしていないのであれば

あなたは違う道を選択したほうがよいのです

そして、その道とはまさに〝わたし〟なのです

【5】

〝わたし〞という道には、道という道はありません
これ、もなければ、あれ、もありません
すなわち、一切の分離がありません

分離が存在しないがゆえに、対立もなく争いもありません
破壊するものもなく、破壊されるものもありません
文句も愚痴もなく、不平不満もありません
人の子の喜びや感動はなく、いつも平和で満たされており
歓喜の光で充満しています
この世のものではない歓喜の鐘がいつも鳴り響いており
聖霊たちがいつも歌っています
聖霊は愛であり、その愛の力強さに勝るものは何もありません
全ては愛ゆえに存在するのです

愛に分離はなく、それゆえ、誰かを愛さない、ということはありません
判断し、自己の価値観を用いて取捨選択するのは自我ですが
愛には自我は存在しないのです
が、それでも自我を支えているのは愛なのです
なぜなら、全ての全ては愛だからです

分離がある、ということも
どこにも分離がない、ということも
夢であり夢そのものです

なら、議論は不要です
〝わたし〟に議論はなく、存在しないことについて考えることもありません

存在しないものを、どうして
私は知っている、と言えるでしょう
それは存在しないのです
ただ、夢の中の夢の住人だけが

私は知っている、と言います
知る者もなく、知られる者もなく、知ることもありません
ゆえに平和であり、安心であり、幸福です

争いが生じることはなく、それゆえ自己を傷つけることはありません

争いとは互いを傷つけあい
互いに恐怖と罪悪感を植えつけあい
それによってまた逃避を生み出します
それが、この世界の全てではないでしょうか

恐怖があるので、逃避があります
私たちは安心や安全を求めているので
どこかでそれを見つけたいのです

私たちは、何かを知れば、きっと私は満たされるだろうと思っています

私がまだ知らない何か、出逢っていない何かに出逢えれば
きっと私は平和で、幸福で、満たされるだろう、と
それが欲望のはじまりです
ゆえに、私は満たされていない、という恐怖が根源なのです
満たされておらず、欲求不満なので、私たちは欲望します
が、欲望には、必ず恐怖と罪悪感が影のようについて回ります

何かをする、したい、やりたいと私は言います
が、怖いのです
なぜなら、私は責任を持ちたくないからです
恐怖があるので責任を持ちたくなく
責任を持ちたくないので、誰かや何かに依存します
誰かのせいにしたいし、それなら自分には責任はありません
責任を持ちたくないので、自分以外の救世主を求めるのです
これが逃避の原理とも言うべきものです

社員やパートが悪い、という意味ではありませんが、彼らはとても気楽です

辞めたくなったら、辞められるからです

が、経営者はそうではありません、彼らには大きな責任と重圧があります

自分や家族だけではなく、気楽な、あるいは真剣な社員やパートの命も預かっています

あなたは、なぜ、社会あるいは会社という組織がこのような構成なのか

考えたことがあるでしょうか

なぜ、経営者は一人で、多くが従業員なのですか？

全員が経営者ではいけないのですか？

みなが平等で、公平な取引というものは存在しないのでしょうか

お金が、ある程度、「価値」を表しています、それが物であれ人であれ

そうではなく、「価値のない」すなわち「みな等しく同じ」社会ではいけないのですか？

そのような世界が、どこかに存在していないのでしょうか？

なぜ、多くがアルバイトや契約社員なのでしょう？

ある意味では、経営者もまた、いざとなれば簡単にアルバイトらを退職させます

そう、ある意味では、それぞれがそれぞれを利用していますし

よく言えば、助け合っています、というより、互いの意思、意向に同意しています

同意した者たち同士が、一つの企業として仕事をしています

が、結局のところ、それらは取引ではないでしょうか

一つの会社内での取引、それが契約です
が、この契約というものの本質とは何なのでしょうか
「私」は、いったい何をしているのでしょうか
仮に、この世界というものが自身の心の投影であるとして
もしも投影であるならば
いったいこれらのことは、どのような内面の思いの投影なのでしょうか
世界とは、それ自体が比喩に過ぎません
思いの結果、あるいはイメージの結果が、この形です、この容姿です
では、会社とは、あるいは仕事とは、いったいどのような思いなのでしょうか

当然、鏡というものは、それをありのままに映し出すものなので
私が世界を見て、思うことが、私の思いなのです
会社に対して不平不満があるなら、「私が不平不満」そのものなのです
なぜなら、あなたは「世界」を見ているのではなく
自分自身を見ているだけだからです

世界は私であり、私は世界です

それゆえ、私たち一人ひとりには世界の責任があります
私が変われば、世界が変わるからです
では、世界が変わったら、それから私が変わるのでしょうか？
しかし、世界をこれまで築き上げてきたのは私たち一人ひとりです
さらに言えば、「私の思い」です、思いが形となるからです
すなわち世界が私を作ったのではなく、私が世界を作ってきたのです
そして私の作った世界がまた、私に影響を与えるのです
昔の人たちの「私」と、現代の人たちの「私」は、まったく同じ「私」です
ですから、この「私」が世界を作ってきたのです
それゆえ、もしも世界を変えたいのであれば
「世界よ、どうか変わってくれ」と願うのではなく
まず自分自身が変わらなければなりません

そして、何よりもここで理解すべきことは
「世界よ、どうか変わってくれ」という台詞は、助けを求める声ではなく
自分の思い通りに変化して欲しい――すなわち、支配欲でしかない、ということです
この恐ろしい自我のトリックを自ら暴かない限り、その「私」は自由を見出せません

けっして、自由になることができないのです

私は、自分が何をやっているのか、本当にはまったくわかっていないのです

話を少し戻しますが

責任を持ちたくないので、やりたいことについて悩みます
失敗すれば、それは私の責任です
私は恐れるし、また罪悪感を持つことになるでしょう
そして罪悪感があれば、私は自身のその信念によって罰を作り出し
その罰という信念によりまた、恐怖に怯えることになるのです

何かをする、したい、やりたいの裏には必ず
恐怖と罪悪感の連鎖があります
まさに、これが束縛の鎖のようなものです
が、いったい誰が誰にその鎖を用いて束縛しているのでしょうか

よく、考えてごらんなさい
自己の心の有り様、その様子を見守ってごらんなさい
何かをしたい、やりたいと欲望するとき
すでに恐怖と罪悪感が存在しているのです

しない、したくない、やりたくないもまた、同じであり
それは欲望です
私は責任を持ちたくありません
ですからやりたくないのですが
やらないということでまた、罪悪感と恐怖が現れます
なぜ、やらないのでしょうか？
その理由は何でしょうか？

私たちは、恐怖と罪悪感から逃避したいのです
逃避したいので、あらゆる努力をして、欲望します
これが時間であり空間です

私たちは、恐怖と罪悪感から逃避したいのです
逃避したいので、誰かのせいにして、罪を置き去りにしたいのです
誰かのもとに罪と罰を置き去りにして、そこから離れる
そして自分はどこかに天国《パラダイス》を求めます

仕事そして趣味、これらはいったい何なのでしょうか？
恋愛や結婚、あるいは不倫やあらゆる趣味のなんであれ
これらはいったいどのような投影なのでしょうか？

罪と罰を押しつけることでさえ、欲望でしかありません
そうではありませんか？
それは「私の望み」であり、「希望」であり、「理想」なのです
私の「期待」であり、言ってしまえば「私の夢の実現」なのではありませんか？

そして、私はそれを心から願い、それを真の喜びだと思っています
が、その私の喜びとは、いったい何なのでしょうか？

ここで彼が言われていることが、普遍の真実だとは思わないでください
いったい、何が起こっているのでしょうか

希望であれ、理想であれ、期待であれ、夢の実現であれ
なんであれ、これらは欲望です。それが良いか悪いかは別です
善悪で考えるのではなく、ただ事実として、見てみるのです
これらは、たしかに、私の欲望で、私が望むことに関連する言葉らです

私は、望みを叶えたいのです
考えてみてください、それが食事であれ、仕事であれ、趣味であれ
トイレであれ、お風呂であれ、買い物であれ
なんであれ、それらは私の望みを叶えるための行為ではないでしょうか
トイレに行きたくないのに、行かなければヤバい、とします
行かなければ「理想」が台無しになるので、行きます！
行きたくないけれど、行きたいのです

また、あなたが仕事に行きたくない、と思うとします

仕事に行きたくないけれど
でも行かなければ希望——たとえば生きること自体——が叶わないから行く
なんであれ、そこに理想が、あるいはイメージがあるのではありませんか

現実に抵抗して「行きたくない私」とは、いったい何なのでしょうか？
それ自体が、イメージなのではありませんか？

が、私たちは、ちょっと公にしたくないことを欲望と呼んでいます
ちょっと×××な行為——ちょっと度を越えた、行き過ぎた×××

私たちはほとんどみな欲望しております
それが良いとか悪いとかではなく、純粋に事実を見るときに、そうではありませんか？
私たちは恐怖と罪悪感から逃避したいのです
逃避が欲望です
もしトイレに行けずに×××してしまったら
私はきっとひどく恐怖して、罪悪感を持つでしょう
きっとそれは、とんでもなく恐怖で、罪悪感で

家の自分の部屋の片隅で、膝を抱えて丸まってしまうかもしれません
「私って……」「僕って……」
でも、それはなぜかと言えば
「この私が、この僕が×××してしまうなんて――」
という理想、イメージから来るものなのです
そうではありませんか？

それが大か小か、ということは重要ではありません
――いえ、そのような意味の大か小ということではなく
大きな恐怖、罪悪感であれ、ほんの小さな、些細な恐怖、罪悪感であれ
どちらも同じである、ということです

良い、悪いで考えないようにしましょう
×××してしまうことが大変良い、とは言えませんが
だからといって当然、もちろん悪い、とも言えないのです
が、「私という存在は○○である」という理想、イメージがあれば
部屋の片隅どころか、断崖絶壁で立ち尽くして風に吹かれ

「ああ、もうこんな人生――」とまで考える方もいるかもしれません
次の日、学校に登校することがどれだけ恐怖で、嫌か

私は、そもそも恐怖しており、罪悪感を持っており
そこから逃避したいのです
断崖絶壁から身を投げる――は、逃避ではありませんか?
その逃避が欲望そのものであり、その欲望は理想とイメージを伴うので
必ずまた恐怖と罪悪感が自分のもとに返ってくる、ということなのです

自殺は欲望であって、スーパーのお菓子売り場で
「やだやだ、買ってよ、ねー」と叫んで
しまいには泣いてだだをこねる子供とまったく変わりがないのです

自分の思い通りにいかない――つまり、支配できないという現実

自殺は欲望であるがゆえ
たしかに「私」はまた、さらなる罪悪感を自分自身に抱えることになります

誰もがすでに悟っているように、「理想と現実」は異なります

そしてまた、誰もが次のように考えられるはずです
「理想あるいはイメージを持てば持つほど、私自身が苦しむ」
「理想やイメージを抱えれば抱えるほど、私は恐怖して、罪に苦しむことになる」
すなわち、罪とその罰は、自分で自分に与えているに過ぎないのだ、と

はっきりと言って、このことを理解すればするほど
あるいは実際にそうすればそうするほど、あなたは大変楽に生きるようになるのです
大変平和になり、気楽になり、重荷を背負うことがありません
なぜなら私は「あるがまま」の「現実＝自分」だけを生きるようになるからです

別にみんなの前で「ブッ」と屁をこいたって、もうなんてことはありません
素敵な異性がすぐそばで、その白い目であなたを見つめたとしても
あなたには光しか見えていないので、もっと真っ白い目になっているのです
それを見たその異性はホラー映画のごとく恐れおののいて
まさに恐怖と、自己判断の罪悪感で真っ青になるでしょう

――ああ、なんで私はこの御顔を拝んでしまったのだろう
――ああ、(自己判断で)小バカにするように見てしまった私が悪いのだ、と
その相手のほうが罪悪感を持つことになります
なぜなら、その相手は「屁をこく人は違う、間違っている」という差別、信念
そのような理想とイメージを持っているからです
が、もしもあなた自身が「屁をこく人間は間違っている」と信じているなら
あなたはひどく恥ずかしく、罪悪感を持ち、そしてその場から逃げたくなるでしょう

誰であれ、理想とイメージを持っているその本人が
他でもない自分自身に、そのギャップで生まれる罪悪感と苦しみをもたらすのです

それが大か小かは重要ではありません
――いえ、音量の話ではないのです
いかに些細なことで恐怖し、いかに罪悪感を覚えているか
でも、私たちはまったくそれに気づいていないのです
あるいは、悪なる無関心で在り続けているのです

勘違いはしないでください
トイレも食事も自然現象です。たしかに私の望みには違いありませんが
それら自体が問題になるのではありません
が、その自然現象である行為でさえ、時に問題となるのはなぜでしょう?
ここをよくお考えください

行為自体に問題などないのです

私は世界を見て思います
「あれが欲しい、これが欲しい」と
が、これが恐怖と罪悪感をふたたび自分にもたらし
そこでまた私は、その恐怖と罪悪感を誰かに預け、あるいは置き去りにして
「あれが欲しい、これが欲しい」と繰り返すのです

ご存知のように、欲望はけっして満たされることはありません
この世の地平線や水平線のように
終わりがあるように思えて、終わりがないのです

それはただただ円あるいは輪をぐるぐると回っているだけなのです
どうか、これを理解してください
地球はなぜ、丸く、そして回っているのですか？　それは何の投影なのでしょう？
これを理解しない限り、平和も幸福もあり得ないのです
そして、もしも理解するならば、この世界でも平和は実現することでしょう

一時の快楽は、「やった、手に入れた」という思考の産物であり
その思考に基づいた感情が、喜びというエネルギーの動きをしただけのことです
そして、ご存知のように、それは長くは続きません
ふたたび、虚無感と恐怖、罪悪感に襲われ
何もない、何かをしなければきっと私は——というサイクルに入ります
つまり欲望することであり、それは理想やイメージを追いかけることです

同じことを繰り返すこと
これが無常の本質です
現れては消え、消えてはまた現れる
生まれた者は死に、死んではまた生まれる

が、私たちはいったい何を繰り返しているのでしょうか
よく自己の心を観察してごらんなさい
注意深く心を見守り、心を知るのです

する、しない――これらはすべて行為者を生み出します
行為者である限り、恐怖と罪悪感は消えないのです
しても、しなくても、結果は同じこと
この真理を理解するものは幸いです
なぜなら、〝わたし〟は行為者ではない、ということもまた
すぐに見出すことになるからです

そして、もう一度、ここで繰り返しておきます

行為自体に問題があるのではありません
〇〇したから良い、××したから悪い、ではないのです
行為自体には、なんら問題がありません
行為が罪悪感や恐怖をもたらすのではなく、行為「者」が問題なのです

「私」の理想や信念、そのあるがままではない自己イメージが問題を発生させるのです

【6】

ある御方は言った

〝わたし〟は言います
が、〝わたし〟が話しているのではありません
けれども、全ては〝わたし〟ゆえ
〝わたし〟が話しているのです

話しているのは彼でしょうか
本を書いたのは彼でしょうか
いいえ、私もなくあなたもいません
全ては自動的に起こっているのです

私は話していますが、私が何を話すのかを私は知りません
私は本を書くかもしれませんが、どのような本になるのかは知らず
何を書くのかも知らず、書いているのは私ではありません

ゆえに、書かれた本は私のものではなく
誰のものでもありません
それは、ただ現れ、そしてまた消えてゆくのです
が、それが神の栄光を示すことになるのです

おわかりになりますか?

探求者ははっきりしない様子ではあったが
それでも、どこかで理解しているようでもあった

ある御方は言った
要の話に戻りましょう、とても重要なことなのです

そして、続けた

よく聞いてください
本当に重要なことなのです

〝それ〟
名付けることもできない〝それ〟
何によっても表現できない〝それ〟
けれども、〝それ〟は世界によって表現されています

〝それ〟を、仮に〝神〟と名付けるとします

神は完全であり、完璧です
全ての全てであり、けっして欠けるものがありません
神は永遠であり、普遍で、不変です
けっして変化することがないので
安心でき、信頼でき、信じることができ
それゆえ、そこに平和と幸福が現れることになります

この世界は幻想または夢だ、と言われます
神の世界と真逆で、恐怖と欲望に満ちています
が、それもまた神の内にあり、全ては完全であり、完璧なのです

探求者は、少し首をかしげた
よくわからない、やはりはっきりしない、というようであった

ある御方は続けた

これは偉大な真理であり
この真理を聞く者は救われるでしょう
神の道に入ることになるでしょう
いえ、もう入っているのです

よく、聞いてください

先ほど、夢の話をしましたね
あなたが在るゆえに、夢はある、と
夢は現実ではないが、それでもあなたの内にある、と

夢を作り出したのは、あなたです

夢の世界の全てが、あなたの創造物でした
それゆえ、責任の全てはあなた自身にあります
夢の中の男性の台詞も、女性の台詞も、行為の全ても
景色や、風の流れる速さ、地震のときの揺れ方もまた
全て、あなたが作り出したのです

つまり、あらゆるものを操作したのは、あなたでした
他の誰かが操作したわけでもなく
夢の中の個人（他者）が
その個人の意思によって話したり行為したわけではないのです
が、あなたは、相手が話し、相手が行為した、と思い込んでいます
あなたが作り出し、操作したのではなく——と
けれども、紛れもなくあなたが操作したのです、なぜなら
あなたの思考（記憶やイメージ）以外、投影されることはあり得ないからです

夢の中では、あなたは自分が思考したことにほとんど気づいていません
思考したそのままに、夢の世界の現実が創造されていることなど

なおさら気づいていないのです

あなたが、海岸線を恋人とドライブしていたとします
あなたが、それを創造したのです
あなたはまた思考します、私たちは幸せだ、と
そのイメージが、あなたに微笑む相手の笑顔を作り出すのです

夢の世界の全ては、あなたのイメージの投影であり
あなたが作り出したものなのです

さて、当然、夢の出来事、誰かの台詞もまた全てあなたがイメージしたことなので
全ては完璧でした、あなたの作り出したままの結果でした
おわかりになりますか？

仮に、ドライブの途中で事故に遭ったとしても
それは完璧な出来事でした
それは、失敗ではありません

あなたがイメージして、作り出したのです
あなたは、もちろん事故など望んでいないと思うでしょうが
あなたは、無意識に何を考え、何を信じているかを、まったくわかっていないのです

私たちは、自分が何をしているのかわかっていません
つまり、投影されているその心が、いったい何を思考しているのかについて
まったく無知なのです
これは、非常に重要なことではありませんか？

なぜなら、事故が起こるとあなたは、「理想と違う！」と言うからです
「私は、事故など起こすべき人間ではない」と
さて、このことを、本当によく熟考しなければならないのです
そうではありませんか？

罪というボールを投げるので、罪が返球されるのです
が、あなたは言うのです、「私は罪を投げていない」と
「これは、私の欲しいボールではない」と

が、あなた以外に、いったい誰がボールを投げたというのでしょう?
けれどもあなたは言うのです、「ああ、理想と現実は違うな」と

つまり、私たちは、自分では美しい花束を投げているつもりなのですが
返ってくるのは悪臭が漂っている生ゴミなのです
なぜでしょう、繰り返し述べてはいるのですが、もう一度だけ言いましょう

私たちが投げているのは、本当は自分が欲しくないものなのです!
持っていたくなく、早く捨てたいのです
ゴミとは、そういうことではありませんか?
が、それゆえに、私たちにはゴミとなるものがやってくるのです
そして、またしてもそれゆえに
ゴミではないものが欲しいと欲望するのですが
まさにそれがゴミから生まれたゴミでしかない、ということなのです

ほとんどの人が、肯定すべきである、と思っています
肯定することは良いことである、と

そこで、誰かがあなたの目の前で他の誰かを否定しています
あなたは肯定することが正しいと思っているので
その否定している人に対して言います、「否定してはなりません」と

さて、あなたが投げたボールは肯定でしょうか、否定でしょうか？

相手は、あなたに対して反撃してきます、つまり、あなたを否定してきます

さて、あなたが投げたボールは何で、返ってきたボールとは何でしょうか？

そしてあなたは思います、理想は「肯定」だが、現実は「否定」ばかりだな、と

夢は、ある意味では素晴らしいことを教えてくれます
無意識に、私はまったく無意識だ、と
自分が何をどのように考え、信じているか、私はまったくわかっていない、と
ですから、夢を見て
自分はこのようなことを信じているのか、と気づくことができるのです

それは、あなた自身の解放に役立ちます

さて、現実世界の話に戻りましょう
もしもあなたが幻想の世界、夢の世界の登場人物の一人だとしたら
あなたを操作している何か、が存在するわけです

ん？ ところで、あなたは思うかもしれません
少しずつ混乱してくるかもしれませんね

では、このように考えてみましょう
これはあくまでも喩えですが、一つのまとめにもなります

部屋の布団で眠っている身体、その「私」が「根本的私」だとします
その「根本的私」には、夢を作り出す力があります
そして、夢が作り出されました

夢の中の主人公は、「私」ですが、同時に、その親は「根本的私」であり

「私」と「根本的私」とは、まったく同じものでもあります

夢の中での主人公である「私」の台詞、行動のすべては
「根本的私」が操作しています
「私」は、自分で考え、動いているように感じているのですが
実は、すべてが自動的に起こっており、「私」はただ操作されているだけでした
けれども、「私」と「根本的私」には、実際には何も違いはありません
相手の恋人やその他の誰であれ、全ては、「根本的私」が操作しています
全てが、「根本的私」の中にあるからです

相手の恋人もまた、主役、という立場に立つなら
すなわち、恋人が主人公となったとしても、「私」と同じく
その台詞、行動の全ては、「根本的私」の操作されるままになります
そして、対象であるかに思えるその相手もまた、「根本的私」とまったく同じ存在です
ですから、自動的に起こっている、と同時に
全ては私自身が作り出している、ということにもなります

夢の中の「私」は操作され、起こることを体験するしかありません
あるいは、〝起こったこと自体が、すべて「私」なのです〟

これは喩えです

では、話を戻して、続けましょう

あなたが朝、家を出て、一番はじめにすれ違う人は、同じように操作された人です
つまり、あなたがたは完璧に、そのときにすれ違いました
あなたが何かにつまずいて、転んだとします
あなたは手にしていた飲みかけのコーヒーをこぼしてしまいました
そのコーヒーが偶然
すれ違った人のあとに続いてやってきた人にかかってしまいました
あなたはひどく文句を言われます
そして、あなたもまたなんらかの理由付けをして言い返します
文句を言った人は、本当は怒るべきではない、優しくあるべきだと信じているので
自身の内に罪悪感を抱きはじめます

あなたもまた、言い返しながら
いや、悪いのはもちろん私なのだ、と罪悪感を持ちます

さて、これら全てが完全であり、完璧であり、完成されている映画なのです

いや、私は文句など言わない、と思っていたとしても
あなたは、そうするしかありません
もしも仮にそのとき、文句を言わなかったのなら
そのようになるべきだった、というだけのことです

ここで、一つ思い出してください

全ては自動的に起こっているのです
私やあなたは、それを変更することはできません
なぜなら、すでに書かれたことの結果に過ぎないからです
映画の上映中に、主人公がスクリーンから飛び出してきて
ちょっと今の台詞を変えようよ、と言うことができるでしょうか

ちょっと今の展開を変えて、違う展開にしよう、と言えるでしょうか
私たちは制作途中にあるのではなく
完成された映画を観ているのです
つまり、もう終わっている物語を

全ては自動的に起こっています

さて、いいですか
仮に、あなたがそのとき、文句を言うはずだったのに、言わなかった
ということが、ありうるかもしれません
つまり、なんと、映画の上映中に、物語が少し変わるのです
ここが、実際の映画と少し異なる部分ですが
しかしながら、もしもそのようなことが起こるとしても
それはあなたがしたことではない、ということは絶対に理解しなければなりません
が、同時に、それはあなたの行為の結果でもあると、理解しなければなりません

ここで言う、あなたが誰で、あなたが誰なのか、はご自身でお考えください
あなたが何をどうすることで、言うはずだったものが言われなかったか
言わなかったのは誰か、言わないように変更したのは誰か――
あとで、じっくりと考えるのです
このことは、いったい誰が本当の力を持っているのかを
あなたに正しく理解させてくれるでしょう

映画はすでに完成されており、物語はすでに終わっています
が、同じ映画でも
物語の内容が少しだけ異なる展開の、複数のシナリオが他にもあったとします
もちろん、土台となるシナリオが変化することはありません
少しだけ、ということです
つまり、このシーンは必要か、いや、消えてもいいか、ということです

そして、このように考えてみてください
一つのシーンが、必要なくなり、削除されました
すると、それに関連するまた一つのワンシーンの必要性もなくなりました

続いて、あれも、これも、物語の展開において
関連するシーンがどんどん必要なくなっていきます
つまり、最後には、映画の必要性はなくなってしまうでしょう
すなわち、「この映画って、存在意義ある?」と

私やあなたが、それを決めることはできません
なぜなら、私たちは登場人物に過ぎないからです
私やあなたには、何の力もないのです
が、物語の外にいる者には、変更する力があるでしょう
私たちは、つねに結果を見ることしかできないのです
が、同時に、私やあなた以外、いったい誰が存在するでしょうか
映画が必要か否かは、いったい誰に求められているのでしょうか?

彼が先に少し触れたように
〝境目〟というのは、本当に際どいのです
映画自体である者と、まったく関係していない者とが、ぴたりと重なっています
すぐ目の前に「生死」があり、境目からは永遠の命しかありません

が、身体的感覚が、それを認識させるのを邪魔するかのように感じられるのです

あなたの夢にエネルギーを注いでいるのは
他でもない夢の中の夢見る者です
あなたは、夢に情熱を注いでいます
が、あなたはふと思い出しました
あ、私は主人公になりきって感情移入していたが
そういえば客席でただ観ている者だった、と
これは〝わたし〟のことではありません

あなたは、さらに思いました
この映画はつまらない、なんだか嫌な気分になることばかりで
だから、もうこの映画を観るのは止めよう、と
そうして、あなたは映画とはまったく関係のない外に出ます
さて、そのとき、あなたと映画に、何か関係性があるでしょうか？
あなたは、映画に対して、何かしていますか？
映画を観る者が消えたのです

観られなくなった映画は、もうあなたの前にはなく、あなたは映画館の外にいます
あなたにとって、映画の必要性はなくなりました
もう、無関係になりました
あなたは、映画のことを忘れました
忘れることができるのは、そもそも無関係だからです
あなたは、ようやく〝わたし〟に戻りました

さて、その〝わたし〟に、そもそも映画が必要だったでしょうか？
映画の中の台詞、出来事が、本当にあなたに必要だったのでしょうか
映画の中で何かを求めているのは
映画を観ている者であり、映画の登場人物です

あなたが「映画を観たい」と思うとき、あなたは何かを欲しているわけです
その対象が大好きな俳優か、あるいは物語そのものか
あるいはなんであれ、あなたはその対象を欲望しているわけです
何かを、得たいのです
観たくない、もまた、映画の存在自体は認めており

観たくないもまた、欲望でしかありません

何かをする、何かをしない、という行為者が
映画と無関係になることはできません
映画を観たい、観たくないもまた同じであり
結局は行為者なので、それらはすでに映画と関係しています
つまり館内、客席にいる者は、まだ映画に関係しています
物語の中にはいないとしても

すなわち、ここの要点は、欲望があるか否かです
欲望そのものが、行為者である、ということを理解してください
「私は欲望しない」も欲望であり、行為者なのです

さて、ここでもう一度、繰り返しておきます
眠りの中の夢のことを

夢の中のあなた、夢を見ているあなたは

その夢を変更させることはできないのです
なぜなら、それは自動的に起こったからであり
起こったことの結果を見ることしかできないからです

よく、実感してください

夢は自動的に起こりませんでしたか？
まさに、自動的に投影され、自動的に見られたのではありませんか？
この感覚を、よく実感するのです

「私」が、自らの力で、見たいと思って夢を見たのですか？
それとも、「私」は夢を見せられた、のでしょうか？

が、実はこれらは、まったく同じことなのです

では、どのようにしたら映画を変更できるのでしょう？
あるいは、どのようにしたら映画から自由になれるのでしょう？

答えはもう述べてあります

【7】

さて、もう一度、振り返りましょう

全ては、自動的に起こっているのです
思考は、自動的に起こりませんか？
あなたが、考えようとして考えたのではなく
起こった思考以外のことを、あなたが考えることはできないのです
つまり、あなたは定められた通りにしか、行動できません
これが束縛です

次に、何かをする、何かをしない
このどちらも、恐怖と罪悪感を維持し続けるだけである、ということです
選択があるように思えても、結果は同じなので
行為者である限り、恐怖と罪悪感から自由になることはできません
が、勘違いしないでください
行為自体に恐怖や罪悪感が発生するのではありません

行為自体＝現実自体に抵抗する「私」が、恐怖と罪悪感を生むのです

目の前で、誰かが誰かを否定しています
「肯定すべきだ」という信念を持つあなたは、注意しますか、注意しませんか？
注意すれば、そのあとにどうなるでしょう？
きっとあなたは、恐怖と罪悪感を持つでしょう
では、注意しなければ、そのあとに、どうなるでしょう？
あなたは、自分がどのように考えるか、想像できますか？
仮に、注意しなかったことで
「なぜ、私は注意しなかったのだろう、私は正しいことをするべきだったのに」
と後悔し、罪悪感を抱くとします
これまで話してきたように、しても、しなくても、結果は同じでした
では、いったいどうすべきだったのでしょうか？

彼は、ここで先に答えを述べます

聖なる無関心で在りなさい

全てを、何も起こっていないかのように見過ごしなさい
が、さらに大切なことを一緒に伝えなければなりません
そもそも、ここで問題が発生した原因とは、いったい何だったのでしょうか？
目の前で、誰かが誰かを否定している、という夢が
自動的に起こり、あなたに見せられました
あなたは、それを止めることができません
見るしか、ありませんでした
さて、もう一度、繰り返しますが
そもそも、ここで問題が発生した原因とは、いったい何だったのでしょうか？
それは、「人はみな、肯定すべきである（＝否定、攻撃は実在する）」という
行為者であるあなたの信念なのです
その理想、価値観、観念や信念など、それが投影されただけに過ぎません
そしてもしも、あなたにその信念がまるきり存在していなかったら
仮に、もしもその映像を見せられたとしても、あなたはまったく何も思わないでしょう
目の前にいる人がこう言っています
「なぜ君は、家の中で帽子を被るんだ、絶対に間違っている」と、「意味がない」と

そして、否定されている人もまた、抵抗しています
「どうしようと私の自由だろう、なぜ君に私を変えようとする権利があるんだ?」と
互いに、互いの理想をもとにして、否定し合っています
が、あなたには、まったく意味がわかりません
というのは、あなたにはまったく意味がないことだからです
「これは○○のようで在るべき」という信念が存在しません
ゆえに、仮にその映像が目の前に現れ、見せられたとしても
あなたはもはや反応しません
「別に、どうでもいいんじゃない?」とは、まだ関係しています
まだ、反応しています、それは「映画を見ても、見なくてもいいんじゃない?」
ということと同じです
あるいは、「私は見たくない」という抵抗でしかありません
つまり、抑圧し、怖いので、押入れの中に閉じ込めようとしているだけに過ぎません
もしも、本当に意味がないと認識しているなら、あなたはどうするでしょう?
聖なる無関心とは、どのような姿勢、態度なのでしょうか?
存在しないものを、あなたは見ることができるでしょうか?

存在しないものを、あなたは知ることが、あるいは判断することが可能でしょうか？

信念が行為者を生み、行為者が信念を生みます
行為者あるいは信念が、その夢を作り出します
すなわち、自分自身を投影するのです

が、投影とはそもそも何でしょうか？
それは欲望であり、欲望とは逃避そのものです
現実からの逃避が理想でありイメージです
「私」のない現実から、突然「私」が生まれるのです
行為者の存在しない現実から、突然、行為者が生まれるのです

行為者とは何でしょうか？
もう一度、考えましょう

行為者の本質とは何か、を調べましょう
行為者を形成するのは、何でしょうか？

行為者とは思考の結果であり
思考とは信念であり観念であり、記憶です
行為者を形成し、維持し、また栄養を与えているのは
「私は○○で在るべきだ」という理想、イメージに他なりません
そしてその欲望とは恐怖から生まれるものなのです

なぜ、現実からそれほどまでに逃避したいのでしょうか？

いったい私は何を恐れているのでしょうか？

行為者とは、すなわち実在への抵抗者であり、反逆者です
行為者は言います
「私は○○になる、私はこれをする、あれをする」
それは、実在である〝それ〟を認めないことではありませんか？

つまり、実在から逃げ、かつ、実在に対して抵抗し、攻撃しているのです
なぜなら、〝わたし〟は実在であり、変化しないにもかかわらず

私は変化して、もっと良くなって、もっと素晴らしいものになる
ということだからです
つまり、〝それ〟より偉大になる、と

ところが、その全ての行為が、あなたを罪深くします
もっと恐れ、もっと罪悪感を抱くことになってしまうのです

行為者であることが、束縛です
なぜ、行為者であることが束縛なのでしょうか？
なぜなら、あなたは行為者ではないからです
行為者ではないあなたのハートに、行為者であるという茨の冠があり、束縛があります
つまり行為者という鎖で、行為者ではない〝在る者〟が縛られ、隠されているのです

【8】

ある御方はいったん静かになられ、それからまた言った

彼が、在る御方のところへ行ったとき、在る御方は、たしかこのように言われました

人生を楽しみたいのであれば、信念を変えることです

が、信念を変えることと、自由になることとはまったく別です

信念を変えても、本当の自由になることはできません——と

【9】

ある御方は話を続けた

全ては自動的に起こっています
あなたの思考は自動的に起こり
定められた通りにしか行動できません

が、もしもあなたが自由になり
映画と無関係になったとしたら
映画は少し変化するかもしれません
なぜなら、あなたにはもはや映画は必要ないからです

見る必要のないものを、見る必要がありますか？

反応する必要のないものに、反応する必要があるでしょうか？

反応とは、興味の結果です
あなたが何かに興味を持っていれば、必ずその対象の影響を受けざるを得ません
ゆえに、反応が起こることは避けられません
何かのスポーツの審判が、一方の選手の誰かに興味を持てば
その選手の影響を受けざるを得ません
つまり、あなたはその選手の一人となってしまうでしょう
そして、不公平な判定を、無意識に行ってしまうことになるでしょう

あなたが反応を起こすのは、それがあなたにとって非常に重要だからです

テレビを見て、何かに反応するとき、すでにそれに興味があったからです
が、もしもあなたが時代劇に興味がないなら、すぐにチャンネルを変更するでしょう
見る必要がなく、それゆえ見たいとも思わず、存在しないも同然だからです

見る必要もないものを、見る必要がありますか？

反応する必要のないものに、はたして反応が起こりえるでしょうか？

つまり、あなたに自動的に夢が起こり
それがあまりに自動的で、「見せられた」としても
目が覚めてあなたがそのことを考えるなら、反応するなら
それはまさにあなたの欲望のすべてなのです
あなたが、あなたにもたらしたのです
なぜなら、あなたはそれを無意識に信じており
信じているということは、それを欲している、ということであり
あなたが、自らあなた自身にもたらしたのです

夢で、突然、思ってもみなかった芸能人が現れました
どういうわけか、その芸能人と付き合っているようです――
夢から覚めて、あなたはきっと思うでしょう――あれ、好きなのかも、と

自分で発生させ、自分で反応しているのです

ゆえに、あなたの求めるものは、なんであれ与えられます

それに、間違いはありません

それゆえ、見る必要のないもの、欲しないものが
あなたに現れる必要がありえるでしょうか？

見る必要のないものを、見る必要がありますか？

反応する必要のないものに、反応が起こるでしょうか？
反応が起こらないなら、それが現れる必要性があるでしょうか？

もはや体験する必要のない出来事が
そのワンシーンが映画に必要でしょうか？

それでも、同時に、あなたは、あなただけのために生きているわけではありません
ここで言う「あなた」とは、登場人物であり、人間としての言葉と身体のことです
あらゆる人が、あなたと関係しており
あなたはパズルの一ピースでしかないのです

すなわちあなたに起こる出来事とは
あなたのためだけでなく、身近な人から
あるいはまったく知らない人にまで関係しているのです
つまり、他の人のためでもあるわけです

さて、彼が在る御方のところで学んだあと
彼は新約聖書のことを思い出しました
イエス・キリストの話です

彼は、『THE GOSPEL OF JOHN（ヨハネの福音書）』という映画を偶然観ました
そして、思考が現れました
それを直感と言ってもいいのですが、あまりそのように呼びたくはありません
なぜなら、愚かな考えですら、〝それ〟の内にあり
良い考え、悪い考え、というものは実際には存在しないからです
ゆえに、直感とそうではないものに違いなどありません

イエスの物語は、すでに決まっていました

それは、預言通りでした
私たちは
なぜ預言がなされ、預言書が書かれ
なぜ、その預言がそのままに実現されるのか
このこと自体を、まったく何も知らなかったように
何か、はじめて見るものを見るかのように、改めて考えてみなければなりません

なぜ、預言というものがあるのですか？
いったい、何のために？

イエスの物語は、まさに預言通りでした
なぜ、あらかじめ預言がされ、その通りの人生でなければならなかったのでしょうか
あなたには、このことの意味がわかりますか？
はじめて、預言というものを知ったかのように
預言というもの、預言自体とは何か、と問うてみるのです

イエスの人生は、預言通りでした
それは、そのようでなければなりませんでした
悪い者が、良い言葉を発することはなく
イエスを憎むべき者は、定められた通りに憎んだのです
そして、もしもそのようでなければ、イエスはイエスとして存在しなかったのです

話が、おわかりになるでしょうか
すでに、全てが書かれている、ということです
もしもあなたが、私に文句を言いたいのであれば
それは神の意思です
もしも私があなたを憎むなら、それも神の意思です
それにより、私たちは学ぶことになります

イエスが、決められたこと以外のことをすることはできなかったし
私もあなたもまた、まったく同じです
それゆえ、何が何のために、何が起こるのかということを
私たちは知らないのです

けっして、知ることができません

私たちは、何も知らないのです

愛する弟子のペテロは、三度、イエスを知らない、と言い、鶏が鳴きました*
三度、私はイエスをちゃんと知っている、と言うことが可能だったでしょうか
たった一羽の鳥でさえ
自由に動くことはできません
それでも、イエスを知っている、ということが言えたでしょうか？

完全な束縛であるかのようなこれらの事実が
逆に、真の自由を見出すことに繋がるのです

すなわち
〝わたし〟とは何か？を

*……ヨハネによる福音書13章

【10】

全ては自動的に起こっています
この真理を得るものは、すでに神の道に入っています
神が完全であり、完璧であるがゆえ
神の内にあるこの幻想でさえ
完全であり、完璧です
この計画、この仕組み、このシステムは完璧であり
全ての人々が神の国に帰ります
なぜなら、それはもう書かれており
それはもう終わっているからです

あなたは誰かを完璧に憎むかもしれませんが
それはあなたが憎んでいるわけではないのです
では、いったい誰が誰を憎んでいるのでしょうか

あなたは、誰かに「自我が問題なのだ」と聞くかもしれませんが

そうして自我を攻撃する者が、自我なのです
自我のせいだ、あるいは、彼、彼女には自我がある、と言わないでください
そのように言うのは、自我そのものなのです
そのような罠に捕まらないでください

自我でさえ、神の内にあります
もちろん、唯一無二の実在である神が
「彼、彼女に文句を言いなさい」と神の意思で指示しているわけではありません
勘違いしないでください
神の意思とは、ただただ愛なのです
この計画は、神の意思を持つ存在の計画であり
その存在は神そのものでもあります

が、その作者は、作者ゆえ、夢に関係しており、夢そのものです！
おわかりになりますか
いえ、これは単純でありながら、大変混乱することでもあります
が、やはり単純なのです

もしも自我というものがなければ
あなたはどのようにして「私とは何か」を知ることができたでしょうか
もしも分離というものが存在しなければ
あなたはどのようにして「私とは何か」と知ることができたでしょうか

二のない一、一つであることとは何か？
天国とは何か、実在とは何か
これらすべては、幻想があるゆえ、存在することができる問いです

全ての全て――これが、どのようなことかおわかりになるでしょうか
「わたしの他」などまるで存在しないのです

在る

これは、絶対光で在りながら同時に絶対闇なのです

完全に知でありながら完全に無知でもあります
知もなく無知もなく、それが〝在る〟です

たとえばあなたが電球を見るとき、あるいはその明かりを見るとき、それは光です
が、もしもあなたがその光そのものであるとき
あなたは、いったいどのような状態になるのでしょうか

『闇よりおのずからほとばしる光』の、真の意味とは？
この言葉は、思うほど簡単な意味ではないのです

師よ、と探求者が口をはさんだ
私はあの本を読みました、『道化師の石《ラピス》』*とは、どういう意味ですか？
あの本は、いったい何を伝えているのですか？

それを彼に聞かないでください

*……ヘルメス・J・シャンブの著書（2019年、ナチュラルスピリット刊）

あなたが、あなた自身に問いかけるべきことです
実際に、あなたがあなたに問いかけるために、現れているのですから

でも、あれは思うほど単純な本ではないのです
しかしながら、書物というものを、本当に愛する者は見出すでしょう
表面的な仕掛けで「わかった」と言ってはなりません
なぜ、もう一方が物語でなければならなかったのか
あるいは、なぜ、このようなシーンなのか
そしてまた、そのとき、なぜ、このような台詞でなければならなかったのか――

誰でもわかる仕掛けは、見せかけの飾りに過ぎないのです

本を読んで、「感動した、おもしろかった」という本は無数にあります
つまらないという本もまた無数にあるかもしれません
が、あれはそのようなものではありません
読み終えて、すっきりされる方はほどんどいないかもしれません
けれども、「なぜ、すっきりしないのか」それはなぜなのかを考えるとき

はじめてあの本の存在意義が現れてくるのです
表面的な物語うんぬん、あるいは教えうんぬんの話ではまったくないのです
もしもそのように判断されれば、そのときはあの書物を見逃したのです
なぜ、このような作りなのか——何のために?
悲しみの広大さ、あるいは偉大さを知り
また、教えを理解されて、自分のこととして読まれるとき
物語のさなか、瞳から涙があふれ出るかもしれません

さて、このような話に時間を取るのはよして、話を戻しましょう

ある御方はまた、静かに話を続けた

地を歩く、小さな一匹の蟻でさえ、神そのものです
あなたが知覚することのできる全てが〝それ〟そのものなのです
〝それ〟はあなた自身でもあります
あなたの内に〝それ〟が在り
〝それ〟の内にあなたがいるのです

全ての全てが〝それ〟です
全ての全てが〝神〟の現れです

神が、誰かを憎むでしょうか
神が、誰かを傷つけるでしょうか
神が、誰かを悲しくさせ、苦しめるでしょうか

もちろん、神はそのようにはしません
神の内に、そのような言葉はありません
が、あなたはそれらの言葉によって
神の栄光を見るのです
その完全さを！

あなたは、誰かに傷つけられるかもしれません
が、もしもあなたが「私とは何か」を知るなら
あなたは神の栄光を見たのです

あなたは、誰かに苦しめられるかもしれません
が、もしもあなたが「私とは何か」を理解するなら
あなたは神の栄光に跪《ひざまず》きたくなるでしょう
神に栄光あれ！と讃えたくなるでしょう

あなたが体験していることが、どれだけ想像を絶するほどの御業なのか
あまりに驚異的であり、言葉にならないほどの偉大さなのか
あなたにはまだわかっていないのです

この世界の完全さ、この偉大さを真に理解するなら
この世界にはどのような間違いもないことを知ります
問題など、どこにも存在していません

人の子は苦しみ、嘆き悲しむかもしれませんが
その人の子の内に神の子が隠れているのです

どうか、探してください

あなたは、本当のあなたは神の子であり
何もしたことがないのです
あなたには、何も必要なものはありません
全てがあなたであり、あなたの中に全てが在るのです

あなたの内に、けっして傷つくことのない〝わたし〟を見つけてください
それは、あなたのハートに隠れています
今でさえ、あなたはそのハートそのものです
「私」という想念の源を見つけてください
「私」という想念を見るときのあなた
その瞬間のあなたの、さらに源を見つけるのです
それは、顔にはありません

お気づきかどうかわかりませんが
「私」という想念は、つねに顔、頭のあたりに座っています
その想念に気づく〝わたし〟を見つけようとするとき
あなたの視線は落とされるでしょう

意味がおわかりでしょうか
あなたの意識が顔周辺にあるときには
あなたは「私」と一体化しています
ですから、たとえば座禅をしていて居眠りがはじまると
頭がこくり、と垂れるのです
「私」が消えるので

あなたの意識が顔周辺にあるときには
あなたは「私」と一体化しています
が、あなたがその「私」とは、いったい何か、どこから現れたかを調べるとき
あなたの視線は下がり、ハートにたどり着くはずです
あるいは、全体に！

そう、全体で在る、何もなく、全ての在るところに！

ハートは、全ての全てです

そう、イエスが自らのハートを指差しているように！

本当のあなたは、〝それ〟です
それは小さな点ですが、その点は全ての全てで在るのです
鍵を開けて、扉を開いてください
じっと静かにして、自動的に明かりが灯るのを待ち続けるのです

あなたから、そこに行くことはできません
やってくるのを、待ちなさい

あるいは、あなたがそこに行くとき
あなたがそこに行ったのではなく
あなたがそこから出てきているだけだ、と気づくでしょう

外から内を見て探そうとするとき
ふと気づくと、内から外を見ていることに気づくはずです
その状態に留まりなさい

そして、じっと主が来られるのを待ち続けるのです
聖霊が現れるのを待ちなさい

そうして、祝福がなされます
祝福が訪れるのです

が、のちにあなたは気づくのです
やってきたのが〝わたし〟で在る、と

そう、まったく逆転します
が、それまでは、やってくるのを待つしかないでしょう

ですから、我々は言うのです
ただ、静かにしていなさい、と
それで、終わるのだ、と
〝それ〟が自動的に起こるまで、じっと、静かに沈黙していなさい、と

【11】

探求者は尋ねた
師よ、苦しみについて話してください

ある御方は言った

他の誰かがあなたに対して何かを言ったとしても
あなたを傷つけるのはあなた以外、存在しません
誰かがあなたに
「お前のせいで私は不幸になった」と言ったとしても
あなたが自らの思考で
「私のせいだ」と繰り返さない限り
あなたは傷つくことはないのです

あなたは徹底的に見過ごさなければならないし
徹底的に無視しなければなりません

聖なる無関心で在りなさい
これ以上の教えはありません

自己の思考に、徹底的に無関心で在りなさい
それ以外に、ないのです

あるいは、まったく真逆に
「私は私を完全に愛している！」と、どんな疑いもなく信じきりなさい
その、どちらかしかないのです

〝完全に全てを放棄するか、完全に無条件で全てを愛しきるか〟
そのどちらかしかありません

あなたの本当の想いは、完全に心が停止したときにあふれ出ます
思考に関係していては、その本当の想い、すなわち愛が現れることはあり得ません
その愛が直接ハートからあふれ出ない限り

あなたはけっして愛とは何かを直接知ることはできません

まず、これを理解してください
私の思考、イメージ以外、私を苦しめる存在はない
私を苦しめるのは、私自身の思考である、と

恐怖、罪悪感、苦しみ、心配や不安、喜び、感動——
なんであれ、あなたの感情はあなたの思考、考え方の結果なのです
それ以外に、原因はありません
一切、ありません

あなたの信念が、あなたを苦しめるのです
あなたの信念が、あなたに恐怖と罪悪感をもたらすのです

だからこそ
「私は悪くない、悪いのはお前のせいだ」と言ってはなりません
が、このように思考してしまうのが、変容前の思考の本質と言ってもいいのです

そうして、あなたはこの束縛から逃れられなくなるのです

大変複雑な話でもありますから、よく聞いてください

何かをする、しない、どちらを選択しても、恐怖と罪悪感がもたらされます
同じように、「私が悪い」も「いや、あなたが悪い」も
どちらも同じように恐怖と罪悪感がもたらされるのです
私に罪と原因があり、罪があるゆえに罰がある、と信じるのも
あなたに罪と原因があり、それゆえあなたには罰が必要だ、と信じるのも
どちらも救いになりません
救いにならないどころか、あなたはまた新たな不幸を自らにもたらすことになります

なぜなら、それらの夢は全てあなたの内にあるものであり
あなたから離れることはないからです

私はあなたであり、あなたは私なのです
が、私もあなたも存在しません

ここに救いがあるのです

あなたが人の子を選択するなら
行為者であるなら
あなたは恐怖と罪悪感、罪と罰から逃れられません
神の御心にも合わず、天の国にも入ることができません
なぜなら、天国には罪も罰も存在していないからです
神とは別の行為者は、天国にはおりません
どうして、神以外の信念を持った者が天国に住むことが可能でしょうか

もしもあなたが神の子を選択するなら
すなわち、沈黙に留まるなら
それが唯一無二の救いなのです
そのとき、あなたは行為者ではありません

そして、全ての働きが神ご自身の働きであることを理解します
他には、一切誰も存在していないのです

行為者ではないので、あなたにはどのような行為もなく
どのような行為もないので、罪と罰も存在できません
あなたは何もしていないのです
何もしていないのに、どうして罪と罰が存在できるでしょう？

が、勘違いが起こらないようにまた述べておきます
あなたは行為者ではないので、あなたにはどのような行為もなく——
というとき、あなたの身体が何も動いていない、という意味ではありません
どうぞ、トイレに行き、ご飯を食べ、仕事をしてください
あるいは、その必要性までまったく消滅したなら
本当に身体も座っているだけになるかもしれません

行為自体に問題はないのです
つまり、行為自体に罪と罰、恐怖やあれこれが存在するわけではないのです
このことを忘れないでください
むしろ、映画は、その物語通りに展開していくでしょう
つまり、基本的にはあなたは、自らの役割をこなさなければならないのです

あなたは思考ではない、とあなたは聞いたかもしれませんが
実際にそのように〝在る〟ことはしません
そこが問題なのです

おそらく、多くの探求者が、ここで挫折していくのです
もう、言葉では答えをもらっているというのに
実際の在り方で、自らに答えません

答えを求めているのは、あなた自身なのです
あなた自身が、あなた自身に答えなければなりません

主は、つねにあなたに問いかけられます
あなたは、ご自身の在り方でそれに答えなければなりません
あなたは、つねにあなた自身に問いかけられます
あなたは、あなた自身に対して、それに答えなければならないのです

どちらも、同じことなのです

聖なる無関心で在ることは、愛で在ることです
そのとき、愛が行為者です、「私」は無く、それゆえ私は行為者ではありません

行為「者であるあなた＝私」が〝わたし〟を完全に信じきるとき
すなわち、完璧に愛するとき、その行為は愛であり、行為者は愛です
ですから、同じことなのです

どちらから、出逢うか、だけなのです

次のことを、理解してください

あなたが、沈黙するとき
自分はまったく何もしていないことになる、と思うでしょう、が、そうではありません
たとえばあなたが、誰かと喧嘩をしたとき、あなたの感情に怒りがあるとします
あなたは世界であり、世界はあなた自身であるので

世界はその「怒り」で満たされます
あなた個人の問題ではないのです

さて、あなたが沈黙するとします
彼は、先に述べました、あなたの心が完全に停止するとき
あなたの本当の想いである〝愛〟があふれ出す、と
ゆえに、あなたが沈黙するということは
世界を愛で満たす、ということに他なりません

が、あなたはあまりにも「何も感じない」ので、何も起こらない、と思うのです
そして、「何もしなくて大丈夫だろうか?」と不安になります
たしかに、実際に、沈黙の中から〝愛〟が現れるのを体験しなければ
このように思って当然のことでしょう
が、仮にその体験がなくとも、平和で在る、ということは実感できるでしょう
すなわち、あなたが静かに沈黙するとき、どれだけ世界に「平和」をもたらしているか

このことに、責任を持たなければならないのです

世界を作っているのは、「私」である、と

なぜなら、世界は私であり、私が世界だからです

責任を持ちたくないのは自由です

が、その結果を食らうのは、おわかりのように自分自身でしかありません

責任を放棄することは、罪を押しつけることなので

その罪は、あなたに即座に返ってきます

これは、もうお話しいたしました

ですからあなたは、どのようなボールを投げているかをまず知り

そしてこれからは、どのようなボールを投げるかに責任を持たねばなりません

が、その責任を持てば持つほど、あなたは平和で幸せになるのです

なぜなら、あなたは平和と幸福の作り方を知ったからです

そうではありませんか？

ある御方は、少し間を取った

そして、それからまた話を続けた

どちらから出逢うか、と先ほど話しました
行為者を完全に放棄する道か
あるいは、完全に責任を持つ道か
これらはどちらもまったく同じことになるのですが
ひとまず、また、「あなたは行為者ではない」という話をしていきます

思考を見れば、思考は消えます
じっと〝気づき〟に留まれば、一切の思考さえ現れなくなります
なぜ、その実在の境地に留まらないのでしょう？
その瞬間、あなたはまさに〝在る〟で在るのに
どうしてさ迷い出るのでしょう？

あなたには、この要点がわかりますか？

どうすればよいのでしょう？
探求者は、どうすればよいのかわからなかった
そこである御方はまた続けた

どうすればよいのか？ が悪魔の台詞なのです
いったい、何のために、あなたは何をしようとしているのでしょうか
このことをよく、考えてください

おそらく、あなたが理解されていないのは、これから話すことなのです

心は、本来自我により、恐怖と罪悪感に怯えて
それゆえ逃避したいと言い続けています
この逃避、これが欲望となって現れることは、もうおわかりでしょう
何か目標を立てたりして、何かを達成しようとするいかなることも
逃避であり、欲望であると、よく理解してください

何かを求めるには、その対象をすでに知っていなければなりません
あなたがご飯を知らなければ、ご飯を求めることはできないのです
同じように、あなたが神を求めるなら
あなたはすでに神を知っていなければなりません
ところが、あなたは、私はまだ神を知らない、と言います
知らないので、知りたい、と
そして、きっと神を知れば、私は平和で幸福になるだろう、と思っています

さて、この考え方は、まさにこの世界、人の子の考え方です
何かを得れば、きっと私は○○になるだろう
が、この全ては欲望です
欲望は満たされることがなく
反対に、挫折とさらなる欲求不満をもたらします
なぜなら、満たされないからです
それゆえ、もっと、もっと、と続けていくことになります
そして、いつかたどり着くだろう、と
が、目的地など存在しないのです

あなたは、神を求めていますが、神が何かを知りません
それでもあなたが求められるのは、あなたの中にイメージがあるからです
神とはきっと――そして私はきっとそのとき――
これらはすべてイメージです
あなたは、あなたのイメージをもとに
あなたのイメージを達成するために、神を求めています
あなたは、見たことのないものを、見たいと願います
その結果、超常現象や超能力等のあれこれを崇拝するかもしれません
見たことのない存在に憧れ、崇拝します
見たことがあるという人を尊敬し、あるいは妬みます

が、これらは平和と幸福をもたらしているのでしょうか
すなわち、あなたが作り出しているイメージは
あなたを幸せにしていますか？

あなたは、きっと何かを知れば、私もたどり着く、というふうに思考します
だからこそ、知識を求めます

が、いかなる書物も娯楽に過ぎません
いかなる書物も真理ではないのです
それは、神ではなくただの紙
あるいは、機械の部品で構成されている機械そのものです

が、書物や機械がなければ、本当に必要な知識それは道具ですが
その道具を手にすることはできません
たしかに、その通りなのです
ですから、書物も機械もまた、神ご自身の現れでもあります
が、あなたが最後に手にする知識とは
「知識を捨てなさい」という知識なのです

よろしいでしょうか
真理とは、それそのものが自由で在ります
あなたが〝真理〟で在るとき、はじめてあなたは〝自由〟なのです
あなたが、本を読み、知識を得て「私は神だ」と言うことは、真理ではありません
なぜなら、あなたは平和でも幸福でもないでしょうから

そのときのあなたは、本に束縛されています
思考に束縛されています、あるいは考え方、信念、すなわち知識に！

真理とは、〝それ自体〟が自由であり平和であり幸福である境地です

「真理は私を自由にする」という言葉は
本を読めばあなたは自由になる、という意味ではまったくありません

自由になり、本を読むならよいでしょう
が、自由になるために本を読むのは欲望でしかありません
が、素晴らしい書物がいくつも存在します
その知識を実際に生きるとき、あなたはまさに〝自由〟そのものを見出すのです
が、それは書物を得た結果ではありません
知識を得た結果でもないのです
その知識あるいは教えを実際に生きるとき
はじめてあなたは〝叡智そのもの〟として在ることになるのです

あなたはこれまで
何かを得れば、きっと幸せになる、という方程式に従って歩いてきました
が、もしもそれで幸せになれない、と悟ったなら
どうして方法を変えないのでしょうか

恋人も、高価な品物も、神も
それが対象である限り、あなたの欲望でしかありません
そして、欲望とは神への抵抗です

もしも神が、これまであなたが出逢っていない何かであり
これから出逢う何かであるとしたら
その神もまた、やがてあなたから消えていくでしょう
新しく現れたものは消え、消えたものはまた現れる
これが幻想の法則です
そこであなたは、この世界以外のものを求めます
それらはどこまで行ってもあなたのイメージに過ぎないのですが
あなたはそうと自覚することがなかなかできません

この世界以外のもの——それは永遠だ
きっとそこに神がいるだろう、と思うかもしれませんが
世界とはあなたであり、あなたは世界なのです
その世界というものがどこまで広大だとしても
依然として「私」という幻想の中にあることには変わりがありません

今この瞬間、存在していないものは、実在ではありません
今この瞬間、存在していないものを、永遠とは呼べません
すなわち、もしも実在である神が存在するとしたら
たった今、今この瞬間に現れていなければなりません
しかも、その現れているものとあなたが
これまでずっと共にいた、ということでなければならないのです

では、あなたとずっと共に在るのは、何でしょうか

苦しみとは何でしょう?
欲望とは、苦しみから生まれた逃避に過ぎません

すでに、苦しみがあるのです

あなたは、新しく何かを知れば、きっと幸せになるだろうと考えるかもしれませんが
その過程の全てが、あなたを不安定にさせるのです
なぜなら、どのような知識も、実際にはなんの役にも立たないからです

私たちは平和を、そして幸せを求めており
何かを得ることで
きっとそのように（イメージしているように）なるだろう、と思っています
が、けっしてそのようにはなりません

あなたはこれまで必死に何かを得てきましたが
今この瞬間、実際、あなたは何を得ているのでしょうか
その得たものが、今この瞬間、どれだけあなたを満たすことができるでしょう
私たちは平和を、そして幸せを求めています
私たちは恐怖しており、逃避したいのです

安全で、安心できるどこかを求めているのではないでしょうか
ところが、この世界のどこにも見つけられません
実際に、ないのです
それでも、きっと何かを手に入れれば私は——と思って知識を求めますが
その新しく得た知識がまた、あなたを不安にさせます

思考である言葉とは、それ自体が分離であり、断片でしかありません
それゆえ、いつも対立が起こることは避けられないのです
新しい知識には、新しい敵対する知識が現れます
それは正しい、これは違う——この対立、争いは
新しい知識を持ったがゆえに、生まれた戦争です
ですから、あなたは気づかなければなりません
何かを得ることは安全や安心をもたらさず
むしろさらなる、新しい苦しみと恐怖をもたらすのだ、と

もしもあなたが自分なりの考え方を持てば
その考え方を攻撃する者に出逢うことは避けられません

もしもあなたが、何か新しい知識を手に入れれば幸せになるだろう
と思っているのであれば
その信念があなた自身に、挫折とさらなる虚無感をもたらします
もっと私の知らない何かがある——という信念が
あなたをもっと不安定にさせるのです

つまり、平和と幸せに知識は必要ありません
新しく得るなんであれ、それはあなたを満たしません

そこで、あなたは最後の知識を手に入れます
それは、知識を捨てなさい、という知識です
これは、何かを得れば、きっと私は——という信念自体を破壊します
何かを得れば、きっと私は——という信念もまた、一つの知識だからです

が、この知識は真の知識ではなく
真の智慧でもありません

彼は、もっと極端に伝えました
思考は、あなたではない、と
思考自体を、捨てなさい、と

なぜなら、見てみなさい、見れば思考は消えてしまうのです、と
消えてしまう何かを、どうして信頼できるでしょう
あの人はこう言う、この人はこう言う――で
いったい何を信じればよいというのでしょう

変化しないものだけを、信じることができます
変わらないものだけが、安心をもたらします
それ以外に、信頼できる何かが存在するでしょうか？

信頼してきたものに、私は幾度も裏切られてきたのです
そうではありませんか？

恐怖があり、満たされていないという虚無感があり

そこから逃避がはじまり、欲望に繋がります
何かを私は得ますが、一時の快楽のあと、すべてが無に帰すようです
私はふたたび、恐怖と虚無感に襲われ
私は何かをしなければならない、と思考します
が、それはまた欲望でしかなく
欲望することでは私は満たされないのです

同じことをずっと繰り返しているのですが
これを止めることができません
なぜなら、思考は同じことを繰り返すからです

この、自動的に発生する思考が！

さて、そこで私は思います
知識を捨てようという知識を生かし、知識を捨てます
もはや、「知識を捨てなさい」という知識もありません
私はただ在ります

思考が起こりますが、私はそれに即座に気づくので
その思考は空を流れる雲のように消えていきます
さあ、で、どこに問題があるでしょう

いかなる恐怖も、罪悪感も
すべて思考の結果であり、思考そのものに過ぎません
その思考がもはや現れないのです

虚無感ですら、思考あるいは信念でしかありませんでした
私は満たされていない、と発言する「私」でさえ
現れては消える想念、あるいは信念でしかないのです

そして、まさに「私」が虚無感そのものでした

そして、そのときあなたはすでに解放されています
あなたは、まさに自由の境地に在ります
「これって、どういうこと?」と思考がはじまらない限りは——

「で、何が何なの？」という思考がはじまらない限りは――
思考が存在しないとき、まさに平安が在ります
むしろ、平安以外には何も存在しません――が、「私」はこう言うのです
「何もないぞ」と
なぜなら、「私」はイメージを保持しており、何かが現れるのを期待しているからです
それゆえに、「私」は即座に反応します、「何もない」と、「何も快楽がない」と
つまり、あなたはそのとき、まさにその革命的瞬間のとき
私は平和だ、と実感しないのです
思考なしに、直接実感しようとしないので、変容を逃すのです

では、なぜ実感しないのでしょう？
今まさに述べた通りになるのですが、思考の本質ゆえに、繰り返しましょう

まさに、ここです
まさにここなのです
なぜ、あなたは自らの状態に気づかないのでしょうか

それは、あなたがなんらかのイメージを持っており
何かが起こって欲しい、と外側ばかり見て、欲望し続けているからです
すなわち「私は思考であり欲望である」と決断し続けているのです
これが事実だ、と

つまり、どういうことなのでしょうか
神や悟りうんぬんの前に、私たちは、私たちの心を知らなければなりません
思考とは何か、心とは何か、と
そうして、心のシステム、その有り様を理解するとき
あなたは欲望することを本当に止めることでしょう

あなたが神を欲望するなら
あなたはなんらかの知識とイメージを持っており
それゆえ、あなたは平和や幸福を知ることができません
なぜなら、平和や幸福とは実在そのものの状態であり
それらはイメージや信念によってつねに隠されるからです

あなたというグラスを空にしてください
衣服を脱いで裸の心になるのです
純粋で、透明な鏡のようで在ってください
そのようでなければ、〝それ〟の真の顔は見えません
世界という顔が消えなければ、真の御顔は見えないのです
が、真の御顔が見えれば、世界もまた真の御顔しか見せないでしょう

思考、信念、イメージの全てが完全に停止しなければなりません

無念無想、無欲——これらがどれだけ偉大な言葉であるか
おわかりになるでしょうか
もしもわからなくても、心配はありません
なぜなら、全ては完璧な計画で進んでいるからです
それゆえ、どのような間違いもありません
欲望とは何か、よく考えてください
それをもたらす逃避とは何か、よく考えてください
恐怖、罪悪感とは何か、よく考えてください

そして、見ることで直接認識するのです

見ることが終わるなら、〝在ること〟が次に続きます

そして、その〝在ること〟はずっと存在していたものでした

もしもこれらの繋がり、これらのシステムを理解できなければ

「苦しみとは何か」も理解することはできないのです

【12】

恐怖、罪悪感、苦しみ、悲しみ——それらは思考の結果であり
その思考にふさわしい動きをしたエネルギー、感情でしかありません
喜びや楽しさと、苦しみと悲しみの根源は、まったく同じものです

あなたは、思考による決断、その信念で
「これは苦しみ」「これは楽しみ」とそれぞれの出来事に名前をつけ
それにふさわしいエネルギーの動きを体験しているだけに過ぎません

繰り返しますが、それらの根源は、まったく同じなのです

では、苦しみについて、あるいは恐怖について、もう一つ、補足をしておきます
これはとても大切なことなのです

恐怖があるとき、「私と恐怖」というように、分離させないでください
苦しみがあるとき、「私と、避けたい苦しみ」というように分離させないでください

このような分離が、あなたを苦しめるのです

夢が、すべてあなたの内で起こるように
恐怖とはあなたのことです
苦しみや心配や悲しみとは、あなたのことです
ですから、分離させないでください

私に恐怖はない、と言うより
恐怖とは私のことである、と言うほうが智慧ある人です
なぜなら、そうだからです
恐怖とは、あなたの内にあるものであり、あなたそのものです
苦しみや心配や悲しみや、なんであれ
すべてはあなたの内にある、あなたそのものなのです

「私には恐怖がある、私はそれを消したい」と言わないでください
分離させることで、「私は」怖くなるのです
「恐怖」に対して

が、事実とは、恐怖と私は異なるものではないのです

恐怖には、恐怖の役割というものがあります
苦しみには苦しみの、悲しみには悲しみの役割というものがあるのです
彼らには、彼らの仕事があるのです
それなのに、その仕事はいらない、と言わないでください
彼らのその仕事は、あなたのために行われているのですから

恐怖と共に在ってください
そのとき、恐怖とあなたは分離していません
なら、いったい何が何を傷つけるというのでしょう

彼らは、あなた自身です
どうか、理解してください
理解することは、共に在り、溶け合うことです

恐怖さえ、神の内にあり

神の実在なくして、恐怖は存在できません
それなら、夢の中のように
あなたと恐怖と、いったい何が異なるというのでしょうか

【13】

ある御方は続けた

よく、聞いてください

あなたが静かに沈黙するとき、すでにそこが平和なのです
そこが平和でなかったことなど、けっして、一度もありません

では、なぜ、あなたはそこから飛び出すのでしょうか？

なぜ、平和以上のものを求めるのですか？　ここが問題なのです

あなたは、いったい何を求めているのですか？

あなたが、たとえば悟りに関する本を読むとき
あなたは、いったい何を一番に求めているのでしょうか？

それは、「方法」ではありませんか？

「どうすればいいの？」「何をすればいいの？」

そうではありませんか？

が、彼らは言います、何かをするのを止めなさい、と
かのラマナ・マハルシはこのようにおっしゃいました
「私は悟っていない」――この言葉を放棄しなさい、と
この台詞、あるいはこの信念自体が、幻想であり、束縛であり、無知なのだ、と

まさに、静かに沈黙するとき、平和でない者はいません
が、もしもそこで苦しみ、悩むようなことがあるなら
間違いなく、そのときに何かをイメージして考えているのです
つまり、沈黙していないだけに過ぎません
「何かが起こって欲しい」という欲望があるだけに過ぎません
そして、欲望があれば当然、平和で在ることはできないでしょう

つまり、「私」は欲望とは何かがわかっていないのです

あるいは、「平和」自体もわかっていないのかもしれません

なぜ、特別な神秘体験を求めるのでしょうか？
自分が偉大になりたいからでしょうか？

欲望とは、いったいどういうことなのでしょう？

私が○○になったら、平和で幸福になる、のでしょうか？

私たちはこれまで「方法」を求めてきました、○○になる方法を
が、それは平和と幸福を実現する道ではなかったのです

あなたは、すでに平和なのです
平安が、あなたではないことなど、あり得ません

なぜ、平和以上のことを求めるのですか？

なぜ、平安以上のものを求めるのでしょう?
とある偉大な賢者はこう言いました、私は正しさや間違いを重要としない
――私は何よりも心の平安を大切にする――と
なぜ、私たちは平安以上のものを求めるのでしょうか?
なぜ、平和が欲しいと言いながら、平和に背を向けて何かを求めるのでしょう?
その先に、いったい何があるのですか? 何があるように思えるのですか?
なんらかの刺激が欲しいのでしょうか?
心の平安を何よりも大切にするものは、まさに賢者です
その賢者は正しさ、間違いに興味はありません
なぜなら、心の平安だけを大切にするからです

聖なる無視、聖なる無関心で在ることが叡智そのものです

何かが起こって欲しいとは、見たい、聞きたい——という産物でしかありません
つまり、五感のものでしかないのです
では、どうして身体の束縛から解放されることが可能でしょうか？
それが、微細な身体であれ、同じことです
あるいは、何かが起こって欲しい、とは、分離を自ら継続させる行為でしかありません
対象を消滅させてはならない、という欲望でしかありません
すなわち、これらはいったい何なのですか？

つまり、逃避したいのではありませんか？

きっと輝かしいであろう、夢の世界に——

何かが起こって欲しい、とはこういうことではありませんか？

けれども、平安とは、けっして特別な何かの現象ではないのです

主が、どうして子に、平安を与えていないことがあり得るでしょう
実在とは、「それが当たり前である」ということに他ならないのです

が、どういうわけか、私たちはその、当たり前が大嫌いなのです

いつも、その「当たり前」に抵抗し、「当たり前ではいけない」というのです
普通であってはならない、と
何か、変わったことが起こらなければならないのだ、と

つまり、「平和であってはならない」と

それなら、当然、不安定な事態になって当然のことでしょう
「私」が望んでいることは、世界が不安定で在り続けることです
「もっと、もっと」と欲望し続けることは
「もっと不安定になれ、もっと不安定になれ」と欲望し続けることなのです

あなたは、それを望んでいるのですか？

あなたが本当に求めているものは、こういうことなのでしょうか？

事実、「もっと、もっと」と言えば言うほど、不安定になり、不安になります
そうではありませんか？
あなたが何かを求めるとき、あなたは絶対的に不安になるのです
違いますか？
満たされておらず不安であり、ゆえに欲しい——けれど、求める最中も
求め終わったあとも、満たされていない、という気持ちは変わらないのです
「もっと、もっと」と言えば言うほど、満たされない、という気持ちが増していきます

世界で、社会で、不安定な事態が起これば起こるほど
あなたは満たされていない、と思うでしょう
つまり、あなたの欲望通り、鏡にきれいに映し出されているのです

世界は、まさにあなた自身の欲望の結果であり
あなた自身が作り出したものに違いありません
「私」の世界が不安定なら、「私」が不安定を求めているのです

「何かが起こって欲しい」とは、安定の否定です

違いますか？

沈黙して、何もなく、静かで平和なとき、「私」は思います
何かが起こって欲しい、刺激が欲しい、と
そして自らの平安に背を向け、何かを欲望しはじめます
過去の記憶から「何をする？」と検討します
そして、一番快楽を得られるものを選択するでしょう

それなのに、「私」は言うのです、「私は平和が欲しい、安定が欲しい」と

何を得ても、何を見ても、不安になるばかりである、と

「私」は、自分が何をしているのか、本当には、まったくわかっていません

私は、私のしていることがわかっていないのです

そして、世界のほとんどの人たちがこのようにして欲望しているとしたら
当然、世界はあまりに不安定で在り続けるでしょう
次から次へと、不安定なことが起こって当然なのです

なぜなら、私が不安定さを切望しており
そしてまさに、その願望が、「私」の作り出した世界となるのです

人は、解決されるのを待っているのですが
解決させないのは、他でもない自分自身の心なのです

――が、もしもこのことを多くの人たちが知り、実感し、認識するなら
そして、それによって平和の作り方を真にマスターしたなら
世界はあっという間に変貌を遂げることでしょう
そして、それは不可能なことではありません
が、一人ひとりが、自分の世界に責任を持たなければならないのです
他者を変えようとするのではなく、自分が変わらなければならないのです

想像してごらんなさい

真の平和のために、世界の、全ての人々がいったん、全ての行動を止めます
たった一人も、動くことをしません
そして、自分自身の心に対して、自分自身の心がこう祈ります

「わたしは、平和だ」と

さあ、あなたは今、どのような気持ちですか？

あなたは今、どのような状態を想像できますか？

平和なので、そこにはどのような欲望も存在しません
なぜなら、欲望があれば平和ではいられないからです

さあ、想像してごらんなさい

その瞬間、世界がどうなると思いますか？

まさに、地球が静止する日です
世界が沈黙する日
人類が静寂に留まる日

そして、沈黙や静寂とは、〝愛〟のあふれ出す瞬間なのです

さあ、世界はいったいどうなるのでしょうか？
そして、あなたはそこで何を見ますか？
あなたは、いったいそこで、何を体験するのでしょうか？

偉大なる賢者は、かつてこのように言われました

この時代は、神を知らない時代であり
かつてこのような時代はなかった、このまま終わるのなら
いくら物質的進化しようとも、過去に見ないほどの、虚しい時代となるだろう、と

【14】

唯一の実在である〝それ〟
〝それ〟を仮に〝神〟と呼ぶことにしましょう

神はわざとあなたをいじめ、ああしてこうして
そのようにして「神とは何か」と知らせようとしているのではありません
神は幻想を知らないのです
神は在るものであり、ただご自身だけを知られています

もしも神が幻想に関わるなら、神もまた幻想に捕らわれるでしょう
あなたが興味を持てば、必ずその対象によって影響を受けるように
神が幻想に興味を持てば、神もまた幻想に影響されるのです
が、もちろん、神は幻想を知りません
何も知らないがゆえに、そこに平安があります

作者は、神の御心を持ちながら

神が完全であるがゆえ、完全な計画のもと
神の栄光を表しました

作者は、幻想を認識しますが、幻想としか見ていません
それゆえ、巻き込まれることがありません

それは、たとえばあなたがご自身で小説を書くことと同じです
あなたは、これは物語だ、とよくご存知のはずです
目の前の原稿が、どうして現実になり得るでしょう?
が、それはあなたが生み出したものであり、あなたの中身でもあります
あなたと離れてはおりません
それでも、その原稿が消滅しても、〝わたし〟が消えることはあり得ないでしょう
〝わたし〟は原稿の中にも存在しながら、原稿の外にも存在しています
それでも、唯一無二の実在とは
原稿の外の〝わたし〟に他ならないのではありませんか?

あなたが、よく言われる観照者で在るとき

あなたは、たしかに幻想に巻き込まれないでしょう
仮に、あれこれが目の前に在ったとしても
が、幻想に関わることも可能です

映画を見る者は、それは映画だ、とちゃんと知っています
自分がスクリーンの中にいるなんて、絶対に思いません

さて、前に彼は、映画を見る者は、まだ映画に関係しており
それゆえ映画の影響を受ける、と述べました
もちろん、それはそこでそのように伝えるべきだったので、そのようにしたのです

では、このように考えてみてはいかがでしょうか
観客は、欲望の対象として、映画を観に来ます
映画から、何かを得たいのです
あたかも、登場人物になりきって、楽しみます
が、映画監督は、もう仕事を終えています
同じ館内におり、同じスクリーンを眺めている存在でも

映画を必要としている者もいれば
必要とはしていないが、関係しているので存在している者もいるわけです
その、「必要としていない」とは
その彼にはもう、欲望がまったく存在していない、という意味です
あえて彼に欲望が存在するなら、その欲望とは愛と慈悲みたいなものでしょう

あくまでこれは喩えです

欲望のない彼は、行こうと思えばいつでも映画館の外に行けます
なぜなら、彼はもう中身を知っており、見る必要などまったくないからです
でも、映画を観たいと思っている観客は、絶対に外には出たくないでしょう
あまりにも当然のことです、なぜなら、体験したいのですから
そして、体験することは自分にとって必要だと思っているのです

さて、少し話を変えますが
映画の登場人物である主人公は、つねに、なんらかの選択を迫られます
どういうわけか、この人生というものには、選択というものがあるのです

あなたは、なぜ、この選択というものがあるのか、考えたことがありますか？

探求者は首を振った

そうですよね、と御方

この「選択」とは、何なのでしょう？何のために存在しているのですか？

人生には、無数の選択肢があり、人は、なりたいものになれる、と感じます
つまり、私は自由で、なんでも可能なのだ、と
だからこそ、この世界は夢の世界のように思えます
あなたが大好きなケーキ屋さんに行くと、たくさんのケーキが並んでおり
「わあ、なんでも選べるんだ、どれにしよう？」とわくわくします
が、結局のところ、置かれているものから選ぶしかありません
それでも、あなたは何かを選ばなければならないし、選びたいのです
あみだくじは、どこからスタートするかを決めれば、その瞬間にもう

どこにたどり着くのか決まります、が
どこにたどり着くのかわからない、という時間経過が楽しいわけです

オフィスの椅子を、足で蹴って、回転するとします
もう、いつ停止するかは、そのときの蹴った足の強さで、すでに決まっています
が、私たちは思います、「どれだけ回れるだろう?」と
その時間が、楽しいわけです、もう結果は決まっているにもかかわらず

すでに結末がわかっている映画を見るのは、あまり楽しくありません
たとえば、サッカーの試合でピーッと笛が鳴って試合開始になり
次の瞬間に2―0で、ピーッとまた笛がなって試合終了になるとします
あなたは、楽しかったでしょうか?
試合とは、ゼロからスタートし、どうなるか、という結果が楽しみなのです
が、開始と同時に終了になり、結果を知ってもまったく楽しくありません

つまり、彼は何が言いたいのでしょう?
原因と結果は、実のところ、私たちは必要としていないのです

これは、おもしろいことではありませんか？
仕事や人生で、私たちは原因と結果をとても重要視しているようです
とにもかくにも「結果」です
そして、その「結果」が違うというときには、すぐに「なぜ？」と言い出します
「早く原因を明らかにして」と、「そして、正しい結果をもたらそう」と
このように、とても原因と結果を重要視しています
が、先の例ではどうでしょう？
原因と結果だけが出されたわけですが、私たちはまったくおもしろくありません
さらに、あたかも何も起こらなかったかのような感じさえ、覚えませんか？

私たちは時間が楽しいのですが、それはなぜなのでしょうか？
時間の必要性とはまさにこの問いにあるわけですが
それは、いったいどういうことなのでしょうか？

結末あるいは結果がわかっているということは
選択肢が一つもない、ということです
選択肢が一つもない、ということは

まったく自由に感じられない、ということです

さて、もしもそのように考えるなら、時間とはすなわち選択肢そのものです
そして、選択とはつまり「どうなるのだろう?」ということではありませんか?

私たちはこの「いったいどうなるのだろう?」が楽しいのです
これが体験であり経験ではありませんか?
それが良いか悪いかで考えず、ただ事実として眺めてみるとき
この「いったいどうなるのか」が欲望であり、また選択肢であり、そして時間なのです

そして、何よりもここで自覚しなければいけないのは
「いったいどうなるのか」自体、不安定を意味する、ということです

ですから、彼は人生自体を否定するわけではありません
楽しみたい方は、心から楽しむべきなのです、この不安定を
「どうなるのか」を知りたいので、冒険しているわけです
ですから、人生を楽しむことが悪い、とはまったく思わないのです

けれども同時に、もしも平和や安定、安心を一番に求めるなら
欲望、選択肢、時間を全て放棄しなければなりません
なぜなら、これらは全て「変化」を意味しており、「不安定」を意味するからです

恋愛ドラマは、どれだけたくさんの俳優で演じようが、どのような展開であろうが
結局、それは恋愛ドラマに違いありません
そして、恋愛自体に飽きた方は、もう見るのを止めてしまうことでしょう
なぜなら、どのような展開であれ
結局は恋愛ドラマに過ぎず、彼はもう恋愛には興味がないからです
その展開、ストーリーが無数にあるように思えても、原因と結果は限られます
つまり、それはどういうことでしょうか
「いったいどうなるか」の全てを理解するとき、彼に恋愛が楽しめるでしょうか？
恋愛ドラマの何が楽しいのでしょうか？
それは、まさに不安定さではありませんか？　これからどうなるの？　と
まさに、「私」は不安定で危険なことを求めているのです
そして、それが欲望の全てです

ところが、理解された方々は
結局最後には落ち着く、あるいは安定するなら
そもそも、なぜ不安定さが必要なのか、と考えてしまうのです
それは無駄で、無意味ではないか？と

すなわち、「いったいどうなるか」と思う方は、原因と結果に興味があるわけですが
原因と結果がわかってしまうと
「いったいどうなるか」にもまた、興味がなくなるわけです

少し前に話したように、先に結果がわかってしまうと
「いったいどうなるか」が楽しめません
ゆえに、その方は、「いったいどうなるか」を求めるわけですが
「いったいどうなるか」を調べると、原因と結果がわかり
あらゆる原因と結果がわかってしまうと
もはや「いったいどうなるか」にはまったく興味が起こらない、というわけです
なぜなら、その方はもう全てを理解されたからです
その方には、もう時間は必要ありません

欲望、選択肢、時間、あるいはそれらが生む不安定は、まさに無意味でしかないのです

さて、そのような方々は、もう映画を見る必要がないでしょう
結果、あるいは結末がわかっており、また、何をすればどうなるのかも理解している
なら、どうして映画を見る必要があるでしょう
もはや、得るものも失うものも何も存在しないのです

なぜなら、時間を必要としないからです

【15】

得るものや失うものとは、すなわち時間であり空間のことです
ということは、私たちは時間と空間を失いたくない、ということです
そして、得るものもなく失うものもない、ということは
時間が存在せず、あるいは時間を必要としない、ということです

必要でないものは、存在する意味がありません
もしもあなたが何かを欲望するなら、自分で時間と空間を必要とすることであり
その同じ自分が、時間と空間から自由になりたいと言うなら
それはとても矛盾していることになります

人生とは、問題の連続ではありませんか
すなわち、問いの連続です
問題とは、悩みのことです、そうではありませんか?
悩みのない人生など、あり得ません
なぜなら、「いったいどうなるのか」が人生だからです

選択肢のない人生は、人生ではありません
選択肢があるということは、問いの連続です

「いったい、どうすればよいのだろうか？」

この、選択肢が悩みそのものです

出来事とは問いであり、あなたはやってきた問いに答えなければなりません
そして、答えた、あるいは選択した結果を、あなたは受け取ることになるわけです

あなたが、人生や世界に興味があるというとき
それはどのようなことなのでしょうか？
たとえば、映画を観ており、あるいはテレビを見ており、気になるのは
「このあと、いったいどうなるのか？」ではありませんか？
先が見えない、けれども、それはこのあと、現れる、それが楽しいわけです
それが期待であり、選択することの醍醐味でもあるわけです

何かに悩むことは、いけないことでしょうか?
彼は、まったくそうは思いません
なぜなら、悩むことが人生の醍醐味だからです
選択肢があり、どちらにでも行ける、そこで、どちらを選択するか
これが人生です
悩んで、当たり前のことです
むしろ、悩むことが、人生を形づくることです
が、大切なことは、次のことではないでしょうか

「いったいどうなるのか」を学ぶことは、とても大切なことなのです
が、結果を決めては、ただ苦しむばかりになってしまいます
というのは、○○という結果でなければ失格だ、失敗だ、というように
これは○○でなければならない、という欲望を持てば、必ず苦しむのです
そうではなく、このようにしたら、いったいどうなるのか、と
勉強する、学ぶ姿勢であればよいのです
もしもそのようにするなら、結果をありのままに受け取ることができるでしょう
「ああ、こうなるのか」と思えばよいのです

やってきた回答に対して、「私はそれを求めてはいない」と言うのではなく
次への糧にすればよいだけなのです
そのようにするなら、きっと悩むこと自体が楽しくなるかもしれません
実際に、研究者や科学者、あるいは芸術家でも
悩むこと自体が、仕事であるわけです
では、人生もそのように生きてみたらどうでしょう
先に固定された結論や結果を生きるのではなく
本当の意味で、結論や結果を自ら見出してみるのです

人生のワンシーンワンシーンが実験であり、冒険です
そして、きちんと状態を確かめなければなりません
「今、私は幸せか」「今、私は平和か」など
人生を楽しめないのは、結果を固定して
「このようでなければ私は楽しめない」と決めているからです
それならそれでもよいのですが
では、どのようにしたら、私の望み通りになるのか
私たちは自分自身に真剣に向き合わなければなりません

そして、もしもそのように真剣であるなら、きっと苦しみとは感じないのです
なぜなら、それが冒険の醍醐味だからです

出来事に対して、自動的に起こる反応、それが無意識の信念ですが
それは自分が興味のあること、でもあるわけです
自分がまったく興味のないことに、反応することはありません
「嫌だ」とは、興味があることの結果、信じていることの結果なのです
ですから、「嫌だ」とは、「私はそれを必要としない」ということではないのです
まったく逆で、「私はそれの存在を認めている、受け入れている」ということです

目の前を幽霊が歩いていき、それを見て「嫌だ、信じたくない」と言ったら
「幽霊が存在した」と認めていることです

悩み自体に悩むことで、二重に苦しむ必要はありません
悩むなら、大いに悩み、じっくりと考えるべきです
「どうするべきか」と真剣に考えてみるのです
それが人生です

それが選択です
それは、悪いことではありません

生きたいように、生きる

生きたいように生きている中で、自分が本当に求めていることは何か
私が本当に求めているものは何か、を見出せばよいのです
そうではありませんか？

色や形とは、欲望の結果に過ぎません
色や形が重要なのではなく、そこに何を求めているのか、が重要なのです
見かけや容姿より、やはり中身が重要であるように
私はいったい何を求めているのかを、何度も確かめることが重要なのです
そのようにすれば、きっと道を外れることもなく
寄り道をすることもなく、そして必要以上に悩むこともなくなるのです

色や形とは、欲望の結果に過ぎません

欲望とは、自分の中にあるものです
自分の中にあるものが、色や形を伴って外側にあるだけだとしたら
あなたは、すでに全てのものを、自分で持っていることになります
そうではありませんか？
それなのに、「私には何もない」というのは、本当に奇跡です
いくら、何を手に入れようとも、私はまったく変わらない
なぜなら、得るものもなく失うものもなく
増えることもなく減ることもなく
これが真理だからです

【16】

ある御方は言った

あなたが悟ったそのとき、あなたはこのように言います
悟りもなければ、悟る者も存在しない
世界は存在しないが、世界は神そのものである、と
あなたが言うのではありません
なぜなら、個人は消滅し、ただ〝それ〟のみが実在するからです
そして、私もあなたも、みな〝それ〟です
みな〝それ〟でありながら、別々の身体を持っているのです

では、あなたが話しているのですか?
〝それ〟が話しているのですか?
彼が、本を書いているのですか?
〝それ〟が本を書いているのですか?

全ては、まったく同じことなのです

さて、ここでまた、簡単にまとめてみたいのですが
もしもあなたが個人であり、「私」であり、行為者であるなら
その「私」は、世界の責任を持つことです
意識、無意識は、結局同じことなのですが
それらの中身、信念に責任を持つことです
投影しているのは「私」であり
それゆえ、自分が何をどのように信じているのか
しっかりと知ることが重要になります

もしも、今の「世界=私」を好まないのであれば
自分自身の心を変容させていかなければなりません
まずは、心のマスター（救世主）になるのです
が、行為者ゆえ、逃避したくて仕方なく、欲望が底を尽きないでしょう
けれども、世界と自分自身の平安、幸福を真に思うなら、変容させなければなりません
思考、信念を自分のものとして、自ら変容させていくのです

これが、行為者の道と言ってもよいでしょう
すなわち、全てを無条件に愛しきる道です
これが正しい、あれは間違いを超えて、善悪を超えて、無条件に、愛するだけです

また、まったく逆に、行為者ではない道を歩くなら
同じく心をしっかりと見守り、その中身を知り、そして完全に放棄していくことです
完全に放棄した結果、静寂と沈黙の中で、ハートが現れます
そこから愛があふれ出し
あなたは、自分の本当の思いとは、愛そのものだ、と知ることになるでしょう
まさに、私が愛だ、と

行為者として、全てを愛しきる道でも、行為者ではない道でも
たどり着くところは同じです
どちらから、出逢うか、というだけなのです

無意識に意識的になり、投影の責任を持って、自ら変容させても良し
投影とは心が自動的に起こすものであり、私は心ではない、としても良し

道は一つではありませんが、二つでもありません
前者にて、愛に完全に変容された心は神に帰り
心は存在しない、とした後者もまた、心が愛に変容され、神に帰ります
行為者は、欲望を逆にうまく用いて、世界を愛で満たします
世界自体にもう興味がないなら、同時に欲望も、もはやほとんど存在しないと思うので
そのような方々は、後者、明け渡しのほうが性に合っているのです
が、道は二つに一つではありません
結局のところ、同じことなのです

〝在る〟という道は、行為者など存在しない
ゆえに、心もまた存在しない、ということです
全ては自動的に起こっており、全ては神の御業である、と
その時点で、誰にも罪も罰もなく、恐怖も投影もまた存在しない
誰も何もしておらず、分離もまた存在などしていない、ということです
全ては神の御業、女神の戯れ
欲望があれば、〝在る〟という道は歩くことができません

欲望とは行為者です、行為者がありながら、行為者はない、ということはできません
世界に興味があれば、沈黙さえできないでしょう?
「私とは何か?」を本当に知りたい者だけが、全てを放棄して沈黙できるのです

が、これだけが道だというのではなく
行為者として、責任を持って「世界=私」を愛で満たすのもまた偉大な道です
この道は、逆に誰でも歩けるものではありません

彼が思うに、たとえば十人いたとして、その十人に、全てを愛しきる道を説いたとして
その十人中、八、九人は、とても賛同し、共感するでしょう
誰もが、素晴らしい道だと言うでしょう
けれども、実際にその道を歩けるのは、百人いて、一人いたら、祝杯です
それでも〝多い〟かもしれません
ほとんどの人は、道を歩き始めて三歩したら「私は誰も愛せない」と気づくでしょう

どちらも、困難であるのは当然のことです

【17】

ある御方はいったん静かになり、また話をはじめた

自我は、けっして神を信じません、信じようとしません
なぜでしょうか？自我は欲望（対象）を繰り返しているので欲望は知っていますが
神はまだ知らないからです、自我が、神を知ることはあり得ません
なぜなら、知るとき、自我は存在しないからです
ですから、自我は知らないのです、知らないのに、求めることはできません
というのは、こういうことです
仮に、神が快楽そのものだとして、自我がまだそれを体験していなかったら
どうして、「また神をしよう」と言い出すことが可能ですか？
「もうずっと神をしよう」と言い出すわけがありません
なぜなら、知らないからです、その良さを
良さを知らないのに、繰り返すことはできないのです

体験とは欲望そのものですが、神は体験ではありません

神は対象ではないのです
ですから、神が欲望としての対象になることはあり得ません
自我が神を思うとき、つねに「何もない」と感じて当然のことなのです
何もないものを、なぜ欲望の主である自我が好むでしょう?
自我が好み、望んでいる神とは、あなたのイメージの中の快楽でしかありません
が、道を歩くとすぐに判明します、それは対象ではない、と
が、自我は対象しか知ることができないので、ここで混乱と挫折が生じるのです

自我あるいは「私」というものは、とにかく対象がなければ存在できないのです
そして、対象が存在する限り、悟りはあり得ません

それでも、沈黙に落ちるとき、いわゆる没入、サマディーが起こるとき
「心」は光=愛の至福を体験します
それがあまりにも素晴らしい境地なので
それを一度知った者は、そこに入りたくて仕方なくなるのです
主の光を、心が鏡に映すように光っており、この時点ではまだ分離がありますが
それでも、ここに留まるようになれば、やがて真のワンネスに至ります

この至福に留まり続けて「私」を維持し続けることを良しとはしないのですが
それでも、言うならば、この体験を求めるようになるなら、もう終わりに近いのです

「私」は、このサマディーを繰り返し欲望するようになります
が、同時に、「まだ分離している」と気づき、やがて欲望が尽きるわけです

世界にある欲望は、言うなら外側（五感）に対するものであり
サマディーは、内側に対する欲望であり、色や形のない至福です

自我は、神を信じませんし、信じることができません、知らないからです
明け渡しというものが、なぜこれほど困難か、ここで明らかになるでしょう
あなたは、まったく知らないものに、自分の全て、人生の全てを捧げるのです
これが、どれだけ勇気のいることでしょう？
あるいは、どれだけ自我が反発することになるでしょう？
なぜなら、「私＝自我」は、とにもかくにも自分を守りたいのです
自分で自分を守りたいのが自我なのです

が、神は正反対のところに座します
自分で自分を守る者は、神の家に住めません
自分の家を捨てて、全てを捧げてお世話になるか
あるいは自分の家をとにかく自分で守るか、しかないのです

それでも、この内側に起こるサマディーが、神を信じることに繋がるでしょう
その中に、自ら没入したいと思うでしょう
が、消えるのは「私」であって、〝わたし〟ではありません
あなたが消えるのではなく、あなたの前の幻想が消えるのです

全てが自動的に起こっており、その心自体が幻想である
これは完全放棄の道です、完全否定の道です
そして、自らの全てを主に明け渡す道です

全ては、私自身（心）の投影である
これは、完全自己責任の道です
完全肯定の道であり、全てを無条件に愛しきる道です

そして、この二つは、共に同じことでもあるのです
なぜなら、起こっていることはまったく同じ心の投影に過ぎないのですから

主である神が、愛であることと
「私」が愛として在ることには、何も違いがありません
なぜなら、「私」が愛で在るとき、それは「私」が存在しないことでもあるからです

あなたが今、話を聞くためにここに来たのは
神の意図でしょうか？　それとも、あなたの意図でしょうか？
あなたは、偶然ここに来たのですか？　それとも、必然的にここに来たのですか？

神の意図と、あなたの意図とは、まったく同じことではありませんか？
それが仮に、あなたの欲望の意図だとしても、結果は同じだと思いませんか？

あなたは、自動的にここに来たのですか？
それとも、主動的にここに来たのですか？
偶然ですか？　必然ですか？

偶然とは、言うならば、全てが自動的である、ということです
必然とは、それなりの理由付けが存在するので、私の意図、ということになります
が、これらはすべて、まったく同じことなのです
偶然とは必然であり、必然とはそのまま偶然なのです

なぜなら、あなたは、今ここにいるからです

なぜですか？と、ある御方は探求者に尋ねた

探求者は居眠りしかけていたので、ぱっと目が覚めた
は、はい――と、自動的に思考が起こった
「師よ、全ては一つです。そして、全てはジョークなのです」

大正解です！
それが、主の恩寵というものです！

探求者は天を仰いで言った

「主よ、あなたはいつも私に与えてくださいます
しかも、いつも完璧なタイミングで――
主よ、どうか私に、安らかな眠りを――」
彼はそのまま目を閉じ、沈黙の居眠りに没入した

人生とはあまりに素晴らしく、あるいはおもしろく
また苦しくて酷いほどに辛く、それでも、とてつもない神秘でしかありません

ああ、真理とはなんと偉大なることか

主よ、あなたは偉大すぎるのです

主の栄光を讃えたまえ！

【18】

あの方が帰ってくる前に
全肯定と全否定について、少しお話をしておきましょう

肯定とは、人間にとってとても受け入れやすいものです
否定することを、人はあまり好みません
いつも誰かを否定しているにもかかわらず
自分のことは肯定して欲しいようなのです
誰かが肯定していると、それは素晴らしく見えます
そして誰かが否定していると、嫌な気分になります
なぜなら、「私」は否定を持ちたくないからです
ゆえに、他者やあれこれを否定します

他者が否定するのを見ると、それを批判（否定）したくなるのです
ゆえに、私が否定を投げることになります

他者のことをあれこれ言う前に、自分自身のことを見直しなさい*
このような文言が、たしかどこかにありませんでしたか？

私は肯定が好きであり、肯定したいのです、が
他者が私の思い通りでないので、「それは違う」と否定してしまうのです

肯定が好きなのに、理想なのに、現実では、私は否定を選択しているのです
ゆえに、私は否定を受け取ります、何も間違っていません
この現実は、まさに私の選択あるいは意図通りです
この選択が、きれいに洗濯されて真っ白にならなければなりません
これらの方程式をきちんと理解し、選択を変えていかねばならないのです

全否定の道は、明け渡しの道でもあります
そこでは、もはや欲望を持てません
欲望があれば、明け渡すことはできないからです
全否定の道でも全肯定の道でも、心を理解することには変わりがありません
人を真に愛するには、欲望とは何かを知らなければならないからです

そして、欲望とは何かを知るときにはじめて、人を愛することができるでしょう
それは愛するというより、慈悲であるかもしれません

――すると、そこに誰かが向かってくる音がした
ある御方は言った
居眠りから目覚めて帰ってきたようなので、別な話をすることにしましょう
探求者はグラウンドを十周したあと、帰ってきて、それからはあはあ言いながら尋ねた
師よ、恐怖について話してください、とにかく今、私は師が怖いのです
ある御方は言った
この世には、罪と罰というものがあるように見えます
「ええ、たしかにそれは幻想ではありません、まさに私は今悟りました」

＊……マタイによる福音書7章「偽善者よ、まず自分の目から丸太を取り除け。そうすれば、はっきり見えるようになって、兄弟の目からおが屑を取り除くことができる」

ある御方は続けた

基本的には〝在る〟という道の話をしていきます

恐怖、罪悪感、苦しみ、悲しみ、どのような感情もまた

すべて思考であり、思考の結果です

すなわち、恐怖とは思考でありイメージそのものです

「ええ、まさに私のイメージした通りの展開です」

思考がまったく存在しないとき、恐怖はあり得ません

が、その思考に気づくことができない、ということはあり得ます

また、ただ言葉で「私は怖い」と言っても

ほとんど感情が動くことはないでしょう

つまり、イメージがあるかないか、ということなのです

イメージがぱっと浮かび、「私は怖い」と言うなら

即座にあなたの身体は反応を起こすでしょう

けれど、そのイメージを発生させたのは、思考の結果であり

思考なくしてイメージも現れることはないのです

さて、問題は、思考が勝手に、自動的に起こる、ということではありませんか？
いくらあなたが、恐怖したくない、と思っても
無意識にある「このような場合は、私は怖い」という信念は
自動的に、勝手に起こってしまうのです

つまり、目の前の状況や出来事や言葉に反応して
自動的に、反応が起こるのです

いいでしょうか、それは自動的反応なのです
一滴の水が、池に落ちると、池の水に反応が起こります
全ては、反応の連鎖に過ぎません
それゆえ、「私は何かを創造している」とあなたがいくら思っても
それは、何かに対する、何かの反応でしかないのです
それは、行為とも呼べません
なぜなら、反応しただけだからです

自動的に反応（思考やイメージ）が発生する
まず、このことをよく調べる必要があります
そうすれば、自動的に起こっていることがはっきりと理解できます
つまり、自動的に反応が起こる、ということを、見てください

自動的に起こる、ということは、あなたには関係がない、ということです
が、もしも「私が思考している」という信念があるならば
あるいは、実際に思考を見て、私と思考とは別である、と自覚しなければ
いつまでも自動的に起こっている、ということは理解されず
おそらくいつの間にかもとの生活に戻ってしまうことでしょう

一歩先は、つねに闇でしかありません

もしもあなたが、本当に真実を見出したいのであれば
今すぐ、たった今この瞬間から、思考を見て、その存在を確かめ
あるいは、その源、ハートをすぐに探求しはじめることです

つねに、今すぐ、つねに、今この瞬間です
もしも、今発見しなければ、もしも、今自覚しなければ
きっと明日もまた、昨日や今日のように同じことを繰り返すことになるでしょう

革命的瞬間は、つねに、今この瞬間しかないのです

思考は、自動的に起こります
何かが起こったとき、あなたは自動的に怒ります
それを止めることは、できないのです
が、その思考が起こったとき
その思考を見て、空を流れる雲のように
消えていくのを見ることは可能です
これが〝赦し〟です
つまり、あなたはそこで、思考とは実在しない、と自覚するのです
この自覚の連続、この認識の連続が
あなたをすぐに自由にしていくでしょう
それは〝赦し〟の連続ということでもあります

知識として保管しているのではなく
実際にそれを生きなければならないのです

が、思考は、それをさせまいとします
つまり、どんどん思考を続けます
そうして、せっかく知識を得たとしても、それを生かせないまま
いつの間にか元の鞘に戻ってしまうのです

もしもあなたが、起こった思考を見なければ
そのとき、あなたは「この考えは事実である」と認めることになりますから
幻想を認めることになるのです、実在だ、と
これは、当然、赦すことにはなりません
赦されなかった思考は、事実であるとして
何度も繰り返し、同じようにあなたにやってくるでしょう
なぜなら、あなたがそれを実在だ、事実だ、と認めているからです
あなたにとって事実なら、あなたには何度も起こるでしょう
なぜなら、それはあなたが欲している、ということにもなるからです

もう一度、別な角度から見てみましょう
たとえば、何かに対して怒るとき、なぜ怒るのでしょう?
それは、〇〇だから、ですよね?
つまり、〇〇だと怒る、という理由付けと信念があり、あなたはそれを疑っていません
疑えないのは、あなたが信じているからです
これは、当たり前のことです
信じていることを、どうして疑えるでしょう?
が、同時にあなたは、怒ることはいけないことだ、とも思っています
正しくないことだ、と
ですから、自身の内に葛藤と、罪悪感が生まれるわけです
そこで怒りを我慢したり
あるいは抑圧しようとするのですが、これは結果的に、絶対にうまくいかないのです
なぜなら、あなたは「怒り」を信じているからです
信じているのに、見ないふりをするのはできません
ですから、もしもあなたが本当に解決したいと思うのであれば
「怒り」とは何かを、真剣に解明しなければなりませんし
それは、「なぜ〇〇だと私は怒るのだろう?」という問いに

自分自身で答えることでもあります
そして、問いに答えるには
自分の価値観や信念、欲望の全てを明らかにしなければならないのです

「なぜ、私はこの怒りを欲するのか？」と考えてみてください
そうすれば、あなたはこのように思うでしょう
「私は満たされず、欲求不満なのだ」と、そしてそれは
「自分の思い通りにいかないからだ」とも理解されるでしょう

すると必然的に、「私は全てを支配したいのだ」という結論に至ることでしょう

自分の思い通りにいかないときの方法が怒りであり、攻撃です
力で相手を変更させようとするのが攻撃ではありませんか？

ところが、攻撃することであなたは罪悪感を抱き
復讐されることについて怯えなければなりません
恐怖が起こり、それから逃避したくなるでしょう

そこで、自分自身を守るために、あなたはまた
「自分の思い通りにしたい、そうしなければ危険だ」と思うのです
そこで、ふたたび出来事に対して、怒りが起こります
なぜなら、自分の思い通りにいかないので、怖くなるからです
怖いので、怒ります、攻撃します
怯えているので、じっとしていられないのです

恐怖であれ、罪悪感であれ、怒りであれ
それらは、あなたの欲望そのものなのです
ところが、あなたはそれを望んでなどいない、と感じます
望まないので、それから逃げたいのですが
それは恐怖、罪悪感、怒りが実在であり、力を持っていると認めることになります
認めているので、逃避したいのです

あなたは幸せになりたいのですが
幸せになるためには、自分のイメージした通りでなければならない、と思うのです
が、この時点ですでに恐怖がある、ということです

それゆえ、イメージした通りにならないとき、怖くて怒り出すのです
自己防衛のために

このように話していくと、欲望とはつまり自己防衛そのものだ、と理解されるでしょう
自分の存在を守るために、あなたは欲望しているのです
ですから「怒り」もまた、欲望に過ぎません
「怖い」ということですら、欲望なのです
あなたは、「恐怖」を望んでなどいない、と思うでしょうが
望まない、ということは、あなたが望んだ結果に過ぎないのです

ある御方は間をおき、それからまた続けた

あなたは、たとえば何かが必要なら、そのことを考えますね
そうして、それがあなたの前に現れるわけです
同じように、あなたの前に現れたものは
すべてあなたが欲望した結果なのです
それが「怒り」という思考であれ

神は、あなたに必要なものはなんでも与えられます
すでに、与えられています
勘違いしないでください
神が、「怒り」をあなたに与えたわけではないのです
が、結果として、その「怒り」のおかげで、あなたは神を見出すでしょう
ですから、「怒り」に怒ってはなりません
その代わり、「怒り」を理解してください

理解とは何でしょう?
理解とは、考えてなんらかの結果を出す、ということではありません
理解とは、それと共に在ることです
それを、直接見て、感じることです

「怒り」に対して、「これは何か?」と改めて見てみるのです
共に在り、感じてみるのです

そうすれば、あなたはこのように言うでしょう

「私は怒りを知らない
怒りは私の内に生まれたが、怒りというものは存在しない
存在しないものを知ることはできない
存在しないが、怒りもまた私自身である」

さて、このようにして自らの心を知ることが大切なのです

先に述べたように、このように欲望のすべてを知らなければなりません
心をじっと見守るとき、まさにあなたは静かになっています
あるいは、このようにし続けることで、心はどんどん静かになっていくのです
あなたが、〝在る〟というはじめもなく終わりもないその瞬間に留まれないのは
まさに心がこのような成長を遂げていないからかもしれません

まず、心を知ることです
あなたはまず、心のマスター（救世主）にならなければなりません
そうして、心がわかると、あなたは世界の全てをもまた、わかるようになるのです
あなたは、あなたの前に現れる人の心まで

即座に読み取ることも可能になるのです
なぜなら、世界はあなた（心）であり、あなた（心）は世界だからです

あなたの目の前の誰か、その心は、自分の心とまったく同じ心です
どうして、理解できないことがあり得るでしょう？

視線を、あなたの心に向けることです
つねに、一歩先は闇ですから、注意深く在ることです
〝気づき〟続けることです
その〝気づき〟が、あらゆることを明らかにしていきます
あなたに必要な思考、アイデアは、神があなたにもたらしてくれるでしょう
なぜなら、神は完璧なタイミングをすでにご存知だからです

もう、不安になるのはやめなさい
心配しなくても、よいのです
すべては完全であり、完璧だから

あなたに不安や心配をもたらすのは、ただあなたに起こる思考だけです
誰かの言葉に、自動的に反応するその思考
何かの出来事に、自動的に反応するその思考
それらは、あなたではありません
あなたのものではないのです

が、すべてがあなたの内にあります
神が、あなたとご自身の栄光のために、思考をもたらしたと思ってください
自我を憎んではなりません
なぜなら、その自我は救世主とならなければならないからです

救世主であるあなたはこう言うでしょう

ああ、神に栄光あれ
ただ、神のみが実在する、と

【19】

ある御方は、いったん静かになった
そして、それからまた口を開いた

あなたは今、恐怖、というもの自体を、何か問題としているでしょうか
つまり、生きているこの人生の、今、毎日の生活で、何か恐怖が問題となっていますか？

よく、聞いてください
彼は、このように申し上げます

もしも、問題となっているなら、あなたは恵まれています
事実、その通りです
なぜなら、誰もが「恐怖」という問題に取り組まねばならないでしょう
おそらく、その時期が誰にでも来るのです
まったく恐怖を通らずに、目覚めることは、まずあり得ません
もしもあり得るとしたら、それは前世ですでに終えているからです

思うに、ほとんどの方は、無視しております
聖なる無視のことではなく、見ないように避け続けています
怖くない、と思い込んで、それを無理やり押入れに押し込み続けているか
あるいは、怖いものは怖い、と開き直っているか
どちらにしても、問題は解決されていません

もしも今、何か「恐怖そのもの」について問題を抱えているなら
それは道のしるしです、恵まれたことに、今、そこを通過すべきときなのです
これは、はっきりと述べて、簡単ではありません
ある意味では、もっとも重要です
なぜなら、何度も申し上げている通り
あらゆる逃避、欲望の根本原因は恐怖だからです
この世界の土台は恐怖そのものなのです

ゆえに、しっかりと時間をかけてでも、取り組めばよいのです

その金言は、「自分を守ろうとしないこと」ただこれだけです

ただこれだけですが、もっとも困難に思えるでしょう
が、これをクリアすれば、あなたはもう無敵なのです

誰もが、恐怖の道を通って悟ります
回り道などありません
なぜなら、目的地のすぐ手前が、その泥沼だからです

濡れて汚くなるのは嫌だ、と思えば、あなたは厄介なほど苦しむでしょう
が、もう汚くなってもいいや、と思えば、道は瞬く間に舗装されます
が、舗装を期待するなら、それは前者でしかありません

捨てることです、自分を
神に全托することです、自分を
明け渡すのです、自分を
すると不思議なことに、恐怖は友達となるのです
しかもその友達は、いつも自分を支えてくれるように感じられます
道を外れないように、と

ボールと友達になるよりも、恐怖と愛し合ったほうが、ずっと生き生きするのです
恐怖とセックスはできませんし、恐怖を持ったまま天国に入ることもできないのですが
あたかも主の元に行かれる息子を、大地に残ったまま優しい目で見守る両親のように
彼、あるいは苦しみという彼女は、とても良いものたちなのです

【20】

あなたはいつも、自分が何をしているのか、ちゃんとわかっているでしょうか？
とある御方は尋ねた

ええ、もちろん、と探求者は答えた

すると、微笑みながら、ある御方は言った

誰もが、そのように言います
誰もが、そのように自覚しています
が、実際には誰も何もわかっていません

探求者はそこで尋ねた、では師はわかっているのですか？

ある御方は答えた

いいえ、私は何も知りません
皆さんと同じように、何もわかっていないのです

探求者は混乱した

ある御方は、説明をはじめた

十字架の前で、イエスはこのように言ったそうです
「父よ、彼らをお赦しください、自分が何をしているのか知らないのです*」と

けれど、あなたは言います
私は自分のしていることが何か、ちゃんとわかっている、と
これはどういうことでしょうか

探求者は尋ねた
師よ、いったいどういうことですか?

そこで、ある御方は答えた

師よ、いったいどういうことですか？　とは、あなたに自動的に起こった反応です

違いますか？

探求者ははっとして、答えた、ええ、たしかに、もう口にしていました

あなたが今

師よ、いったいどういうことですか？　と尋ねたのは

それがすでに書かれたからです

あなたは、自動的に反応が起こったに過ぎません

そして、書かれたことは、すでに完了したことです

完了したことを、あなたが変えることはできません

が、あなたがその反応に気づいているなら

＊……ルカによる福音書23章

そして聖なる無関心であり、完全に見過ごすなら
あなたの今後の物語は少しずつ変わってくるのです

あなたが仮に「いったいどういうことですか？」と質問しないなら
これから話される内容が書かれることはなかったでしょう

そして、あなたが反応を認めたゆえ
これから話されることが、あなたの欲望の結果となるのです
つまり、あなたはこれからの話を受け取ることになります

さて、あなたは今
師よ、いったいどういうことですか？と尋ねましたが
あなたは、いったい何をしているのか、自分でわかっていますか？

ええ、もちろん、と探求者
わからないことがあったので、私は質問したのです

たしかに、誰もがそのように考えるのです
が、あなたは、それがいったい何のために起こったのか、わかりません
あなたは、あなた自身の中で、正しいこと、をしているつもりです
が、正しいこと、とは沈黙以外にないのです
あるいは、心底、愛すること

なぜなら、善は悪を生み、悪が善を生むからです
あなたの考える正しいこととは、のちに問題を発生させることでもあるのです
なぜなら、この世界はサイクルであり
この円あるいは輪から解脱しない限り、このサイクル自体が束縛だからです

探求者はわからず、また尋ねた
師よ、わかりません、教えてください

ある御方は尋ねた
あなたが今、何をしているのか、本当にわかっていますか?
あなたは今、欲望しているのです

そこで、探求者は言った――でも、師よ、学ばなければ、私はきっと悟れないでしょう
ある御方は微笑んで答えた、ええ、たしかに、そうかもしれません
ですが、あなたは自分が何をしているのかは、わかっていませんでしたね
それに、その質問が、いったい何のために起こったのかは、わからないままです

が、それとともに、理解してください
質問は、やはり欲望でしかないのです
そして、欲望が続く限りは、〝在る〟ことはできません

彼は、学ぶことはいけないことだ、と言っているわけではありません
が、同時に、学ぼうとしている限り、あなたは〝在る〟で在れないのです
なぜなら、あなたのしていることはやはり逃避でしかないからです
あなたは、誰かに、何かをもたらして欲しいのです
あなたは、欲しがっているだけなのです
が、あなたに必要なものは、すでに与えられています
あなたはもう、充分なのです

もしも、〝在る〟で在れなくとも
行為者として、かの偉大なるマザーテレサのように奉仕するなら、また話は別です
なぜなら、マザーは欲し続けていたのではなく、与え続けていたからです
闇に光を――

これは、おわかりになりますよね

もっとも大切なのは、あなたが悟るか否かではないのです
なぜなら、悟りたいとは欲望でしかないからです
が、その悟りたいという欲望が、教えによって頭打ちされます
何から何まで、とことん、自己否定されます、欲望を落とされますし
実際に落とさないと悟れないことを完全に知ることになるでしょう

ですから、大切なのは悟ることではなく
実際に〝愛〟として在れるか、ということになるのです
なぜなら、問題があるのは神でも真我でもなく、心なのですから

探求者は、ここで心底納得したようであった

ある御方は続けた

あなたに必要な知識は、すでに与えられているのです
もう、これ以上は必要ありません
それでもあなたがまだ質問し、回答を求め続けるなら
あなたは、あなた自身の判断で、解脱までの時間を延長していることになります
おわかりになりますか？
あるいは、自分の判断で、与えるのではなく、欲し続けているだけになります

欲し続けている人生が、どのようになるか、おわかりになりますか？
想像できますか？
それは、与え続けている人とは、かなり変わってくるでしょう
これは当然のことです
前者は、「私は持っていないので欲しい」という現実を作り
後者は、「私は持っているので与えたい」という現実を作ります

どちらが、幸せな人生を歩むことになるでしょう？

欲望し続けるのは、怖いからです
「私」は、存在し続けたいのです
それが、いかに無意識にあるか、ご存知でしょうか
なぜ存在し続けたいかと言えば、あなたは怖いからなのです
ゆえに、欲望（逃避）し続けるのです
逃避の人生が、はたして幸せでしょうか？
幸せになるために欲望しているのに、結果は不幸になるばかりなのです

もしもあなたが〝愛〟で在るなら、闇から逃避することを考えるのではなく
光で闇を照らそうとすることでしょう
それが、どのような形でも、まったく構わないのです
大切なのは形ではなく、その形を作る想いだからです

あなたは形を変えようとはしますが、自分の想いを変えようとはしません
目の前の形を、自分の想いに変えてしまいたいのです

が、この支配欲が、あなたを支配して、あなた自身を束縛することになるのです

投げたボールは、そのまま壁に当たって必ず、そのままあなたに返球されます

自己を変えるは悟り、と誰かが言ったと思います、他を変えるは迷い、と

〝愛〟を与えるその方法がなんであれ、それは重要ではありません
ある方々は沈黙して、全世界を愛で満たします
なぜなら、その方々は全ての全てで在るからです
これが、いかに広大で偉大なことか――つまり、あなたは世界なのです
あなたが満たされれば、時間や距離に関係なく、世界が満たされるのです

あなたが悟っているかどうかは、まったく問題ではないし
まったく重要でもありません、なぜなら、あなたはもうすでに〝それ〟だからです

思考が「違う」と言っても、その思考は真実ではないのです
これはもう、おわかりになっているはずです

「わかっているのに、止められない」
まさに、これが地獄ではありませんか？
が、思考は次々に、自動的に起こってきます
なぜなら、あなたがそれを大切にしているからです
「私」は、「私」を大切にしています、「私」は「私の考え」だけが重要なのです
その「私」は、世界の中に住んでいるかのようですが
実際には、世界そのものが「私」なのです

「私」は、この世界で生きるために、「私の考え、私の知識」を大切にします
これまでの体験や経験を大切にしています、自分で自分を守るために
あなたが過去を大切にするのは、なぜですか？
なぜ、過去を捨てることに不安があるのでしょうか？

ところが、その記憶自体があなたの重荷なのです
「私は知っている」ということが、不安定さを持続させるのです
なぜなら、あなたの知っていることは断片でしかなく、全体ではないからです
全体を見なければ、何をどこに置くのが正しいのか、わからないでしょう

置かれるものは、自分がどこに行くのが本当に正しいのかを知らないのです
それゆえ、動かされるままに動くだけでよいのです
おわかりになりますか？

あなたがパズルの一ピースであるとき、あなたは置かれるままでなければなりません
自分でどこかに行ってしまったら、創造主は大変困るでしょう

あなたがチェスのひとコマであるとき、そのゲームの瞬間瞬間で様相は変貌します
あなたが、過去の経験から動こうとすれば、操作する者は大変困るでしょう
そして、あなたが今この瞬間、どこに行くことが一番良いのかは
まさに操作する者だけが知っているのです

なぜ、置かれた場所で抵抗するのでしょうか？

なぜ、「これではいけない、ここは違う」と言うのでしょうか？

その抵抗が「私」であり、苦しみを生み出すのです

あなたは、「○○が正しい」「○○を知っている」と言いますが
もしもそれがうまくいっていないのであれば、方法を変えなければなりません
が、「方法」とはどれも、「私を守ること」でしかありません

あなたが求めているものは、「私を守るための方法」でしかないのです
「私を守るための方法」と「私を満たすための方法」とはまったく同じことです
それが欲望なのです
この欲望が、完全に落ちなければなりません

なぜなら、この欲望が災いそのものだったからです

なぜでしょう?「私を守るための方法」「私を満たすための方法」とは
「私は危険で、満たされていない」という現実を作り出すことになるからです

あなたは、私は不安定で、満たされていないと思うので、方法を求めます
が、その方法がどのようなものであれ、必ず同じボールが返ってくるのです
つまり、「私は危険で、満たされていない」を体験することになるでしょう

それが、あなたの実在、現実となってしまうのです

では、あなたは本当に今この瞬間、危険で、不安定なのですか？

いったい、どこに恐怖や罪悪感が存在するのですか？

過去の記憶を持ち出さず、イメージの一切をテーブルに広げずに、見てみるのです

現実、あるいは実在とは、「当たり前の事実、真実」ということです
では、自己の状態を、記憶なしに、見てごらんなさい、調べてみるのです

思考のない、今この瞬間の私とは何か、どのような状態か、と

あなたが光を照らすのではなく、あなたは光そのものなのです

なぜ、光から逃避したいのですか？

なぜ、自分自身と共に在ることを嫌うのでしょうか？
あなたの存在自体が、闇を消すのです
別に沈黙、瞑想でなくともまったく構いません
隣の人に、手を差し伸べること、ただそれだけで、あなたは闇を光で照らしたのです

今この瞬間が、永遠の〝今〟であるなら
今この瞬間のあなたの想いが、〝全て〟となるのです

この重要性を、ご理解して頂けますでしょうか
が、あなたはこの〝今〟というこの永遠を、あまりにも易々と見逃しているのです
この〝今〟を、過去の欲望の記憶で満たそうと繰り返します
つまり、生きている〝今〟を
死んだ〝過去〟にしようとしているのです
あなたは無意識に、永遠の今この瞬間に、過去を繰り返してきただけなのです

【21】

ある御方は、少し沈黙してから、また続けた

もう一度、お話ししますね

あなたに必要なことは、全て与えられます
それはすでに、与えられています

この、あなたは、自分が何をしているのか本当にはわかっていない、ということの
答えはすでに話されています
すでに、与えられています

よく考えなければ、明日もまた、あなたは同じことを繰り返してしまうことでしょう
自らの力で得たものだけが、あなたの宝となります
人から聞いた話では、あなたの宝にはなりません
あなたの内なる神の栄光は、あなたを通して為されるのです

誰も、自分がしていることの本当の意味がわかっていません
ですから、他者と傷つけあうのです
私は知っている、なんでもわかっている、と言うので
そこに争いが生まれてしまうのです
なぜでしょうか

何も知らず、何もわかっていないので、混乱が起こるのですか？
いいえ、私は知っている、なんでもわかっているという知識が
混乱を起こすのです

なぜなら、〝今〟は沈黙であり、静寂であり、平和そのものなのです
あるがままで、すでに平和なのです
が、その〝今〟に知識があることで、全ての真実が隠されてしまい
あるいはまた、恐怖と欲望で埋め尽くされることになるのです
私は知っている、なんでもわかっているという人が熱弁を振るいます
私は知らない、という人は、じっと沈黙します

どちらが、混乱と争いをもたらすでしょう
どちらが、平和をもたらすでしょう

私は知らない、という人は、知っています
何も知らないし、知ることはできない、と知っています
あるいはまた、知る必要のあるものなど何もない、と知っています
もしも、そのような方なら、きっと質問はしないでしょう
彼はまた、私は何も知らないし、知る必要もないので、私は知らない、と言うでしょう
あるいは、興味すら、まったくないでしょう
あるいは、もうこの世界にいないのです

なぜなら、あなたが映画館を出ていくように
この映画で知る必要のあるものなど、もう何もないからです

これらのことを、いったいどのように話すべきでしょう
いったい、どのように表現すべきでしょう

すると、探求者が思い立ったように尋ねた
――で、でも、師はやはり、何かを知っているわけですよね？

すると、ある御方は答えた

彼は、何も知らないのです
あるいは〝わたし〟も

が、何も知らない、ということの、本当の智慧を理解してください

誰も神から与えられなければ、何一つすることができません
神が与えなければ、あなたは一円も持つことができません
神が与えなければ、あなたは声を持って歌うこともできないのです
どのような成功と言われるものであれ
神が与えなければ成し遂げられません
どのような失敗もまた
同じく神が与えなければ成し遂げられないのです

彼は話をしたり、あるいは本を書いたかもしれませんが
彼は自分が何をしているのかわかっていません
それが、どのような結果をもたらすことになるのかもわからないのです

そして、わかろうとしません

逆に、「私はあれこれのことをした」という思いが、罪と罰をもたらす原因となるのです

彼は話をしますが
彼が何を話すのかを、彼が知ることはありません
話されたことが、話されたことです
彼は想念であり、思考です
思考は、神からもたらされます
それが仮に、自我であったとしても
神が存在しなければ、自我さえ存在できず
全ては神の御心の中に存在します

彼が話すことを、いったい誰が操作することができるでしょう？
彼が自らの力で話しているのでしょうか？
とんでもありません
彼は、自動的に思考が起き、自動的に身体が動くだけのことです
そして、あなたもまた、まったく同じなのです
どのような違いもありません

仮に、彼が知識を得たとします
それを、直感と呼ぶことにしましょう
さて、いったいどのようにそれが起こったと思いますか？
それは、ただただ、あるタイミングで与えられたに過ぎないのです
あなた自身のことを考えてごらんなさい
あなたがいくら知ろうとしても、理解したいと願っても
そのときが来るまでは、何も知ることはできないのです
が、あるアイデアがあなたに起こったとき
もしもあなたが気づきある者であれば
きっとこのように理解するはずです

なぜ、私はこのように考えたのだろう？

この考え、この理解は、いったいどこから現れたのだろう
私は今の今まで、いくら考えてもよくわからなかったのに
突然、そう突然、私は全てがはっきりとわかった
彼の言うことは、こういうことなのだ、と

そのとき、あなたが食事をしていようが
トイレにいようが、あるいは誰かと話をしていようが
それは完璧なタイミングであなたに現れるでしょう

それは、たしかにそれは、やってくるのです
あなたのもとに

そうしてあなたは、これはこういうことだ、と思考するかもしれません
が、それはあくまで思考に過ぎないのです
そしてまた、それがいったい何のためにあなたにやってきたのかを

あなたが知ることはできません

では、と探求者は言った、私はまるで操り人形じゃないですか

ある御方は少し笑って答えた、そうかもしれません

が、ここでよく考えて欲しいのです
あなたとは、いったい誰ですか？何なのですか？

あなたは、自分が操り人形のようで、ある意味怒りや憤りさえ覚えるかもしれません
なぜならあなたは、「私は偉大であり、操り人形など、あり得ない！」と感じるからです
違いますか？

でも、映画の主人公や登場人物の全ては、操り人形なのではないですか？

――

たとえば彼が、あなたは操り人形なのですよ、と言って
瞬時にあなたに発生する反応が、あなたの信念であり、あなたを構成しているものです
つまり、あなたの中身です

もしもあなたが怒り、抵抗し、反撃しようとするなら
どうか、その根底にある信念を覗き込んでみなさい
どうか、それがどのようなものなのか、確かめてみるのです

きっと、あなたは震え上がるでしょう
あまりにも、そう、あまりにも恐ろしいものが、あなたの内に潜んでいるのです

これは絶対に認めない！と言う、あなたの中の者を見てごらんなさい
それが、どれだけ恐ろしく攻撃的な者であるかを

さて、この台詞を言うために、操り人形という言葉が出てきたのかもしれませんが
まあ、それはどうでもよいのです

話を戻しますが、仮に操り人形だとしても
それは本当のあなたではない、と伝えているのです
その思考と身体は、いるべき時に、いるべき場所にしか、いることができません
なぜなら、行為、行動とは思考から起こりますが
その思考は自動的に発生するからです

そしてあなたは、なぜ自分がそこにいなければならないのか、知ることはできません
あなたは家に帰り、自分の部屋に行き、そして裸足になり
そして部屋のドアに足の小指をぶつけるかもしれませんが
あなたはなぜそれが起こったのか、知ることはできません
が、それが起こらなければ
「ああ、なんて日だ、もう散々だ!」とは思考しないでしょう
そして、もしもそのように思考し、怒りが発生しなければ
「いったい、人生って何なんだ?」とも思考しなかったかもしれません

私たちは、一つなのです
あのドアも、壁も、花瓶も、あらゆるものが

私たちは一つであり、全て繋がっているのです
彼と私も、彼女と私も、神と私たちも

イエスを処刑した人たちは、自分が何をやっているのかわかっていませんでした
そのわかっていない「私」と、あなたの「私」は、まったく同じ「私」です
誰かを、死刑にしろ、その人は罪人だ、と叫ぶ声は、「私」です
誰かを、彼は詐欺師だ、彼女は魔女だ、と叫ぶ声は、「私」なのです

あなたは、誰かを批判したり、否定したり、罵声を浴びせたりしませんか？
もしもそうなら、あなたは自分が何をしているのか
本当にはわかっていないのです
いくら、相手がどれだけ酷いことをしたように思えても

なぜなら、イエスを処刑した人たちは
完璧に、自分たちは正しいことをした、と信じていたからです
彼のせいで、国が滅びるかもしれない、と考えて不安になりました
彼のせいで、秩序が乱れるかもしれない、と考えて恐怖しました

彼は偽者であり、この世界から排除しなければならない、と信じたのです

では、今の「私」といったい何が異なるというのでしょうか

「私は何をしているかわかっている、私は正しいことをしている」

と、誰もが思っているのではないでしょうか？

が、あなたのその正しいことが、他者を傷つけることに繋がるのです

あなたは、ほとんど、どの瞬間も、あれこれ裁いていることに気づいていますか？

ですが、彼らがイエスを処刑しなければ
神の栄光が表されることはなかったのです

愛は、けっして傷つくことはないと証明されました
真理とは、永遠の命であると証明されました
が、大切なことを忘れてはなりません

神の栄光あるいは真理を明らかにするのは
他でもないあなた自身なのです

あなたが、愛を証明します
あなたが、真理の証人になります
が、あなたはきっと言うでしょう

全ての栄光を神に！
神を讃えよ！

が、それを言うのはただ〝それ〟なのです
〝それ〟の現れでしかないのです

彼は少し前に、このように言いました

「私は何をしているかわかっている、私は正しいことをしている」
と、誰もが思っているのではないでしょうか？

が、あなたのその正しいことが、他者を傷つけることに繋がるのです

このことを、真に理解しなければなりません

私は何も知らない、ということの、本当の智慧を理解してください

とも伝えました

このことを、真に理解しなければならないのです

あなたの考える正しさとは、思考から来るものです
記憶から発生するものです
記憶は言います、「私は知っている」と
ですから「私は知っている、私は正しいことをしていると知っている」
とは、記憶でありそれは過去ですね
そして、彼は前述しました、行為者であることは、しても、しなくても
どちらを選んでも恐怖と罪悪感を抱えることになる、と

が、これは、マザーのような「私」のない愛そのものによる行為とは
もちろんまったく異なる話です、よくご理解ください

行為自体が悪い、と言っているのではないのです
むしろ、真の行為だけであるなら、全てが正しいのです

が、あなたの行為とは、反応です、反応でしかありません
そして、その反応とは、過去の記憶から来る無意識です
おわかりになりますね？

そこで、あなたがもっとも明らかにしなければないことは
私は無意識に何を信じているのか、ということなのです

「私がした」なら、自己満足するか、自己嫌悪があると思いませんか？
何かをして、幸せな気分になるとき
幸せな理由は何なのでしょうか？

そこに理由があるなら、そこに危険な香りが漂っているのです
「これはこのようにあるべきだ、それが正しい、そして、私はそうした」
そのようにちゃんとやったから、私は今幸せな気分だ、なら
そこにかなりの危険な香りが充満しているのです

はっきりと申し上げて、それは〝愛〟ではありません
「これはこのように」なら、「これはこのようでないように」も同時発生します
つまり、あなたはそこで分離を作り出したのです
当然、あなたに反論する誰かが出現することになるでしょう
いくら、「私は正しいことをした」と思っていたとしても
そこに対立と争いが発生することになるのです

自己満足することができるのは、欲望を繰り返したときです
記憶を繰り返したときです、そのとき、「私」は言うのです
「私はやった」と

なぜ、「私はやった」と言えるかといえば

記憶あるいはイメージを繰り返したからです

すでに知っていなければ、「やった」とは言えないのです
つまり、「私は知っている。ゆえにそれをした、ゆえに私は正しくやった」
ということです

もう一度、ご自分自身で、これまでの経験を生かし、考えてみてください

「行為者とは神への反逆者だ」なんて
人から聞いた役にも立たない知識を、目の前のテーブルに広げないでください
そうではなく、実体験から、実感するのです

もう一度、あるいは何度も、納得できるまで熟考してみましょう

なぜ、記憶からの、繰り返しの行為をすることがいけないのでしょう？
なぜ、それは〝愛〟ではないのでしょう？
なぜ、罪と罰あるいは恐怖を生むことになるのでしょうか

それが、いかに「正しい」と思われる行為であったとしても
――が、思考は繰り返したいのです、とにかく、繰り返したいのです
知っていることを、繰り返し、私は知っている、と言いたいのです
「私はやった」と

では、たとえば彼はどうでしょう
彼は、「私は何も知らない」と言います
たしかに、（以前の）本を書いたことを知っています
が、彼は、知らないと言います
この智慧は、いったいどういう意味なのでしょうか？

この話は、これまでに話してきたあらゆることに関係しているかもしれません

つまり、過去はもう存在しないのです
過去が存在しなければ、記憶もまた、無意味であり、存在しません
たとえ、たしかに記憶があったとしても

今この瞬間の彼は、「その本を書いていた瞬間のその彼」と同じでしょうか？
あるいは、このように言っても構いません
今この瞬間の彼は生きていますが
以前の本を書いているまさにその瞬間の彼はもうどこにも生きていません

おわかりになるでしょうか

では、彼とはいったい何者のことですか？

行為とは、いったい何でしょうか？
どこからが行為で、どこからが過去の記憶の繰り返しなのでしょうか？
真の行為とは〝今〟であり、記憶を繰り返すことは過去を生きることです

禅の話でよくあります、「おい」と呼ばれたら「はい」と答えていけばよいのです
が、「おい」と呼ばれて「(ん、いったい何の用だ？)――はい？」なら
もう迷いにあり、記憶とイメージの中にあり、すでに罪悪感も持つことになるのです
あるいは一緒に、もうすでにそこに恐怖が存在しているのです

自由とは、いったい何でしょうか
自由とは、いったいどのようなことなのでしょうか
自由とは、まさに〝愛〟そのもののことです
愛はつねに自由に羽ばたきます

飛ぶ鳥、跡を濁さず
そして、前にも何もありません

あるのは、〝今〟だけです

「ん、いったい何の用だ？」の中に、いったいどれだけの想念があると思いますか？
そこには、恐ろしいほどの量のイメージが隠れているのです
よく、考えてごらんなさい

すでに恐怖して、嫌だから、そのように思考するのです
何かに、来て欲しくない、迫ってきて欲しくない、自分も近づきたくない

恐怖から離れていたい――が
まさにその恐怖とは、自分の心（思い）の他に、どこにも存在しておりません
そしてさらに
「本当はすぐに返事をしていくべきだ」ともちゃんと理解しているので
あなたはひどく罪悪感も背負うことになるのです

おわかりになるでしょうか
愛ではない行為は全て、罪と罰と恐怖をもたらすことになるのです
愛ではない行為とは、考えてからの行為であり
それは記憶やイメージからの行為、ということであります

今すぐに全てを理解できなくても、それでよいのです
でも、はっきりしないなら、よく考えてください
ここで言わんとしていることを

生きているとは、新鮮であるということ
常に新しいということ

それは生命が生き生きと輝いているということ
〝今〟に記憶を持ち込めば、あなたは死人となるのです

死人が〝愛＝生命〟になることはあり得ません

仮にあなたが、「私はやった、正しいことをした」と思っても
その「私」はすでに死んでいるのです
そしてその死人が、どういうわけかまた、「死人」を作り出すのです
これは、ゾンビ映画を見たあとの解説ではありません

〝今〟という平安に、知識という問題を持ち込む
過去の記憶とイメージを持ち込む
そうなれば当然、あなたは天国から追放される、という夢を見ることでしょう
天国とはまさに〝今〟ですが、あなたは過去を生きています
過去は存在しておりません
過去のあなたはどこにもいません

ゆえに、「死ぬ」という夢を見ることになるのです

【22】

もう少し、話を続けましょう、とある御方は言った

ペテロはイエスを心から愛していました
が、イエスを知らない、と三度も言いました
自分である「私」を守るために

私たちは恐怖のあまり、いつも自分を守ろうとします
が、それが神を否定することになるのです

彼は、同じように、「神を知らない」と発言したことがあります
それゆえ、ペテロの気持ちがよくわかります
その罪悪感ときたら、まさに震えるほどです

ペテロは、前もってイエスに
「あなたはわたしのことを三度知らないと言うだろう」と言われました

ペテロはきっとこのように思考したはずです
「どうして、そんなわけがない
私が主を知らないなんて、言うわけがない
こんなにも愛し求めているのに」
けれども、ペテロは即座に、「知らない」と三度言いました

このように話している彼には、よくその気持ちがわかります
なぜなら、それは瞬時に、自動的に起こったからです

さて、これは、誰にでも起こります
彼は、はっきり伝えておきます
これは、誰にでも起こります
あなたは、そのとき、この文面を思い出すことになるでしょう
私たちは、三度、つまずくことになります
が、それは神の御心のゆえ

あなたは、三度、「私は神を愛しています」と言うことでしょう

【23】

彼は本を書いていますが
彼が書いているわけではありません

あなたは本を読んでいますが
あなたが読んでいるわけではないのです

彼は話をしていますが
彼が話をしているわけではありません

あなたは話を聞いていますが
本当のあなたは何もしていないのです

今この瞬間でさえ
あなたは平和の内にあり
どのような問題もありません

が、目の前の映画が
あれこれのことを自動的に投影しているのです

喩えるなら
あなたは映写機の光です
あなたは、「私は光っている」とさえ、思いません
あなたは、ただ在るのです
目の前に、フィルムがあります
それが自我です
スクリーンに投影される映画は、全て自我の影に過ぎません
あるいは、自我の中身の全てであり、その中身そのものが、自我なのです
映画の中で爆発が起こっても、白いスクリーンが傷つくことはありません
光であるあなたも、当然、爆発とは無関係です
自我である心、あるいは心の中の自我の中で爆発が起こり
自我は慌てて、「自分と、そうではない者がいる」として、相手との戦いをはじめます
完全な光の中で、映画が投影されることはできません

それは、薄暗い部屋でなければならないのです
薄暗い部屋では、借り物の光が必要です
真っ暗闇では、同じく映画は上映できないのです

映画が終わると、その館内に光が灯り、全てが明るくなります
映写機の光は、一時必要な光に過ぎませんでした
ですが、その光の本質と、館内の光の本質とは、まったく同じものなのです
スクリーンは白く、何も起こっていません
そこには、何も存在していません
が、スクリーンがなければ、何かを映し出すことはできなかったのです

では、心とは何でしょうか？
その中の自我とは、何でしょうか？

スクリーンに映し出された映像は、まさに自我でありその中身です
が、スクリーンは自我ではありませんでした
では、自我とは何でしょうか

フィルムには命が存在するでしょうか
フィルムとは、言わば記録です
記録とは記憶です
では、その記憶にどれだけの力があるでしょう
フィルムの中に、実際に誰かが存在するでしょうか

私たちは、何かが存在するかのように見えますが
そこには誰もいないのです

あなたの夢もまた、同じではありませんか
夢の中では、あれもこれも実在するかのようです
が、目が覚めるとどうでしょう
そこには、あなた独りしか、存在していないのです

夢を見るには、すなわち投影するには
あなたはすでにその中身を知っていなければなりません
イメージがなければ、投影は起こりません

イメージとは、結果的に夢そのものですが
その夢とは、すでにあなたの中にあるものです

すでに知っているものだけを、私たちは投影できます
まったく知らないものを投影することはできません

記録されたものが上映されるように
記憶されているものが、投影されるのです
つまり、体験や経験での、あなたの考え方、印象、イメージそのものです
あるいは、それら過去のものを再構成して組み立てた
新しいように思える、過去の再体験です
私たちはこれを、未来と呼んでいるのです

つまり、記録されていないものは、上映することができません
あなたの印象にまったく残っていないもの
あなたの記憶にまったく存在しないものは投影されることが不可能です
再構成され、未体験であるかのように思えることは、あるでしょう

さて、では問題は記憶だ、ということにならないでしょうか
記憶とは信念であり
信念とは、「これは事実であり、現実である」という想念です
ゆえに、その信念は信念として、消えることがないのです
あなたが、「これは事実であり、現実である」と信じているがゆえに

記憶がまったくなければ、たしかにあなたは人生を過ごせません
赤子がそうであるように、あなたはただ無意識に泣くことしかできないのです
無意識に泣く、とは、すでに恐怖が存在していることを意味します
表面的に、あなたが自覚していないとしても
赤子は、すでに自身を投影しているのです、無意識に

記憶とは、ただただ自我が存在する、ということを証言するようなものです
記憶が、「私はたしかに存在してきた」と言うのです
が、その記憶とは何でしょうか
それは、ただ単に思考なのです
そこに、どのような違いもありません

思考が自動的に思い出さなければ、あなたは何も思い出すことができないのです

ある鳥たちは、ある時期になると、一斉に目的地に向かって飛びます
それは記憶でしょうか？　それとも、思考でしょうか？
まったく同じことなのです
彼らが間違うことはありません
同じように、あなたも彼も誰であれ、間違うことはないのです

仮に、「私は神を知らない」と言って罪悪感を覚えようとも
そこにどのような間違いもなかったのです

ここに、赦しがあります

全ては、何も間違ってなどいなかったのです

神は、全てをご存知だからです

全てをご存知ゆえに、罪などどこにもありません
それは、存在したこともないからです

あなたもまた、全てをご存知です
が、それは「知る者」という意味ではありません

「知る者、知られる者、知ること」が存在しないということの自覚です

ここに、神の平安があるのです

もし、あなたのその言葉や身体が実在であるなら
昔の身体のあなたは、なぜ今存在していないのでしょう？
実在であるなら、今も存在していなければなりません

あなたが今、たとえば本を読んでいるとします
「ギーター」という本です

たった今、「ギーター」という本です、を読み、過ぎ去ったあとです

この本の最初の一ページを、あなたはたしかに読みました
それはすでに過去です、過去の記憶です
あなたは過去の、その一ページ目を読んでいるあなたではありません
心はもう変化しているからです
あなた（心）は、もしかしたらもう別人のように変容しているかもしれません
が、その心が変化することが可能なのは
心ではないあなた、すなわち〝わたし〟という生命が輝き続けているからです

最初の一ページ目のあなた（心）から、すでに変わったあなた（心）があり
同時に、まったく何も変わっていない〝あなた＝わたし〟がいるのです

〝わたし〟の前に、「私（心）」がいます
〝わたし〟はつねに新しく新鮮であり、生命ゆえ、生き生きとしています
が、「私（心）」はつねに記憶という重荷を背負っているのです

そう、背負って生きているかのように思えます
が、生きているのは「私（心）」ではなく、〝わたし〟だけなのです

スクリーンで映画が見られるのは、映写機の光があるからであり
フィルムに光が備わっているわけではないのです

同じように、あなたの言葉や身体に生命があるわけではありません
実際に、はじめのほうでも話したように
身体は消えたり現れたりするからです
しかも、しょっちゅうです
身体には生命がありません
生命の光《わたし》で照らされているだけに過ぎないのです

「私」が行為するなら、記憶からの知識で、正しいことをするでしょう
〝わたし〟が行為するなら、正しさも誤りも、共に存在しないのです

「私」の正しさの裏には、間違いが同時に存在し

それゆえすぐにひっくり返ることでしょう
なぜなら、「私」の正しさと間違いとは、まったく同じものだからです

善と言われる善が、本当に善だと思っていますか？
もしもそのように思われているなら
あなたはよく世界を、あるいは心を理解していません
現実をよく見ていないのです

いまや、悪役でもヒーローになり得る時代
これが何を意味しているか、おわかりになるでしょうか

いまや善悪の善ではなく、唯一無二の善を見出さなければならないのです

〝わたし〟とは〝愛〟であり
仮にその目に見える行為がどのような行為だったとしても
それに間違いという罪がかかることは、けっしてあり得ません

なぜなら、それが唯一無二の善だからです
ゆえに、〝今〟という光を
記憶という「私」あるいは知識という闇で覆わないことです

愛するより、愛で在りなさい
愛そうとするより、愛で在りなさい
愛してもらおうとするより、愛で在りなさい

愛で在るなら、いったいどこに悲しみがあるというのか
光で在るなら、いったいどこに闇があるというのか
〝わたし〟で在るなら、いったいどこに幻想が見えるというのか

人の子の「愛する」は知識であり記憶です
人の子の「愛そうとする」は偽善に近く

人の子の「愛されたい」はまさに、愛とは何の関係もありません

愛されたいのは愛を知らないからであり
愛そうとするのは愛を知らないからであり
愛するのは、知識や記憶に基づいていないのであれば
愛の自然の行為であるのです

【24】

探求者は言った
師よ、もっと話を聞かせてください、と

ある御方は答えて言った
「もっと」と言うのは止したほうがいいです

あ！と探求者は思わず口にした

が、もう今！それを忘れるのです
今！生きるのです
「もっと、と言ってしまった、私は間違えた」などと罪悪感を抱くのが自我なのです
それゆえ、後悔は必要ありません、後悔とは、人生に不要です
これこそ、生ゴミのうちに捨ててしまうのです
それがあなたの内で腐敗し、「私」を成長させる堆肥とならないように
今すぐ、捨てるのです

自身で自身を指摘することは大切かもしれません、が、すぐに忘れてください
荷物を持てば持つほど、道を歩くスピードが遅くなるに決まっているのですから
事実、今、何も手にしていないほうがずっと身軽で、どこにでも行けます
違いますか?

「あ、やってしまった」と思ったら、すぐに忘れて
次のこの一行ではもう〝在る〟で在りなさい

人の子の誤った方法とは、考え続けて変更させようとすることです
考え続けて答えを出そうとすることです

が、思考は問題を解決しません、できないのです
あなたがいくら真剣に考え続けたとしても
それで最善の方法を生み出したとしても
その思考での答えは、必ず次に新たな問題を発生させます

これは、あまりに自然に、しかも常に行われておりますが

もっともやってはなりません
もっともやってはならないことですが、ほぼ全ての方が、このようにされているのです

ですから、自由になれず、逆に苦しみに束縛され続けるのであります

「(行為者として) 私はやってしまった、いけないことをした」と思えば
すぐに無意識に罪悪感とその罰の種が植えられてしまいます
私には罰があるかもしれない、と思えば、それが投影されてしまうこともあるのです

実際、時に私たちは、自分に何か悪いことが起こり
ああ、これはきっとあのときの罰だ、なんて思うこともあるのではないでしょうか
つまり、あなたは自分でも気づかないうちに
「あのときの罪悪感」を持ち続けていた、ということです、ですから、思い出すのです
が、これら全てを気にする必要はありません
すぐに、忘れるのです、忘れようとするより、〝今〟に意識を合わせるのです
考えることは、何度も同じ気分を味わうだけのことであり

どんどん堆肥にさせていくだけなのです、それはどんどん臭くなっていくでしょう
そして悪臭が消えるときには、すでに「私」が栄養を吸い取っているのです
ゆえに、「私の無意識」に蓄積されており、表面的には見えなくなるのです
もう、「私」と一つになっているからです
それが、自動的に反応する、ということなのです

それゆえ、もう、忘れるのです、忘れようとするのではなく
ただ〝在る〟のです

あるいは、愛しきる道では
「そんな私でも大好き！」と可愛らしい少女のように思いなさい

探求者はちょっと恥ずかしくなった

すると、容赦なくある御方は言った
「その自動的反応が、知識であり記憶（イメージ）なのです」

はっ！と探求者は、「またやってしまった」と思った
が、すぐに忘れるようにした

いかに、自動的反応のみで生きているか、おわかりになるでしょうか
しかも、いかにイメージだらけの世界で生きられているか
いかに、過去だけ見ているか
あるいは、いかに過去の自分として今、存在しているのか

ですからイエスは言われたのです
「はっきり言っておく、人は、新たに生まれなければ、神の国を見ることができない」*と

つまり、記憶とイメージであるあなたが消えなければならないのです
もちろん、この言葉には悟り、という意味もありますが
何かの神秘体験が大切だというのではないのです

*……ヨハネによる福音書3章

現実的に、あなたは過去を繰り返しており
〝愛〟そのものが現れている〝今〟を見ない、ということです

過去のあなたは、苦しみを繰り返し続けてきました
なら、なぜその過去の方程式を放棄なさらないのですか？

苦しいのは〝今〟ではなく、蓄積された過去のイメージなのです
それはあなたの価値観による独断と偏見に満ちた判断、選択なのです

苦しいのは〝あるがままの今〟ではなく
あなた自身によって今を変更され続けた
あるいは修正され続けてきた、今らしき過去の連続なのです

重荷が〝今そのもの〟にあるのではなく
あなたが重荷を〝今〟に持ち込み続けているのです

すっと口を閉じると、ある御方は視線を落とした

ある御方は言った

つねに注意深く在るようにしてください
本当に、一歩先は闇なのです
つねに、ランプを灯していてください

光あるうちに、光と共に歩くのがよいのです

彼は今回、あえてこのような台詞を多用しております
が、なぜそのようにしなければならないのかは、わかりません
が、いずれあなたにもおわかりになることでしょう
あなたが熱心な探求者で、この本をよく読み
一つも無駄にしないように学ぼうとするなら、あとで楽しい発見もあることでしょう
これは彼からの贈り物《プレゼント》です

さて、またいつか、教えに出逢うだろう、と思わないでください
光あるうちに、歩かなければなりません

無常の世界では、また闇に包まれるときが来ますから

神は傲慢でもなく支配者でもありません
むしろ、まったく謙虚で在られるでしょう
それは、あなたの御心がそのように変容されたとき
自ずとわかることです

あなたの心が、神の御心と同じでなければ、天の国には入れません

愛する、とはどういうことでしょうか

誰かを好きになる、大好きになることは、愛とは異なります
なぜなら、好き、大好きになる、には理由があるからです
ですが、愛には理由というものが存在しません
誰かを好めば、その瞬間、同時に嫌いな者を作り出すことになります
その罪を受けるのは、作り出した私自身です
この法則に誤りはありません

全てが完璧です

正義のために戦うことは、けっして正義ではありません
昔のとある賢者が言ったように
正しさを行う者が、地獄へと導きます
勘違いしないでください
どうか、本当の正しさを発見するのです
本当の正しさには、否定や批判、非難、攻撃はあり得ません
評価する者は、その罪で自ら苦しむことになるでしょう
取捨選択する者は、自らが取捨選択されます
自らの価値観で裁く者は、自ら価値観によって裁かれるでしょう
いかなる苦しみ、悲しみ、不安や心配も
罪の結果であり、罪とは分離のことです

分離している限り、けっして平和はあり得ません
分離とは、すでに対立することを暗示する、あるいは予言するようなものです
が、いったいどこに分離が存在するでしょう

あなたは私であり、私はあなたであり
私もあなたも実在ではありません
もし！
争いや対立があるならば
それは「私」が欲望した結果であり
その欲望は恐怖からの逃避なのです
では、恐怖とは何でしょうか

あなたは、よく考えたことがあるでしょうか
恐怖が現れるには、必ず対象が必要です
が、対象や恐怖自体が原因であなたが恐れるのではなく
あなたの思考、信念によって、あなた自身が恐れるのです

それは、あなたが投げたボールが壁に当たって跳ね返り
直接また、あなたを打つようなものです
あなたが打たれたのは、目の前の壁のせいでしょうか？
あなたが生み出したボールが、あなた自身を打つのです

思考は、何かのことしか考えることができません
つまり、分離していることが土台なのです
対象が存在していることが基盤なのです
ですから、どうしても思考で平和や安心を見出すことは不可能なのです
なぜなら、分離していること自体が、ぶつかることの予言だからです
何をお伝えしているか、おわかりになるでしょうか

つまり、もうすでに結果はわかっている、ということです

賢い者なら、即座に席を立って映画館を後にするでしょう
なぜなら、あなたはもう結末を見たのですから

「これからどうなるのか?」と知る必要があるでしょうか?
分離の結果は、もうすでにわかっているのです
あなたは、自らの人生を預言することさえ可能でしょう
それは事細かに、色や形で何が起こるのか、ということではなく
その中身のことです

すでに、結果はわかっているのではありませんか？

さて、思考は、私自身のことも考えます
これは、とてもおもしろいことではありませんか
なぜなら、「私」が対象になっているからです

思考は、あれをしたい、でも、それはしてはいけない、と自ら言います
自ら抵抗を作り出すのです
自ら、矛盾を作り出すのです
たった一粒の小さな種が、大きな樹木の全てを含んでいるように
思考は、分離の全てを含んでいます
思考とは、矛盾そのものなのです
思考とは、恐怖と苦しみそのものなのです

抵抗と摩擦を作り出すのは思考であり
思考が、抵抗と摩擦そのものなのです
抵抗と摩擦が存在しなければ、「私」は個として存在できません

まさに物質の存在意義がここにあります
あなたの「私」を維持し、支えているのは
まさに「私以外のもの」です
抵抗と摩擦がなければ、食事も眠ることもできません
抵抗と摩擦がなければ、何かを欲望することも達成することもできません
抵抗と摩擦がなければ、セックスもできません
抵抗とその摩擦こそ、快感であり刺激です
それが、分離の原則なのです
私たちはこの抵抗と摩擦の連続を、喜びだと勘違いしています
が、それは抵抗と摩擦ゆえ、同時に苦痛でもあるのです
誰かに対して文句を言い、批判し、非難するのは抵抗と摩擦です
誰かはそれを発散、あるいは快感だと認識しています
が、別の誰かは、それは苦しみであり悲しみだ、と言うのです
ゆえに、自分たちが何をしているのかまったくわかっていないのです

快楽と苦しみとは、まったく同じコインの表と裏でしかありません
表が快楽と喜びであり、裏が苦しみと悲しみ、あるいは痛みです

どのように違うというのでしょうか
抵抗とその摩擦とは、すなわち刺激です
刺激には、快感である刺激と、苦痛である刺激がありますが
どちらも「刺激」であることに違いはないのです

それは、ただ、まあるいコインでしかないのです
まあるいのに、表と裏があり、まあるくて一つなのに、二つに分かれているのです

ですが、起こっていることはただ抵抗とその摩擦であり
刺激——快楽であれ苦痛であれ
それはただ、まったく同じ、抵抗とその摩擦という現象でしかありません

思考で問題を解決することはできません
思考が作り出すのは、問題だけであり、矛盾だけなのです
あなたは、何かの問題が起こり
よし、考えて問題を解決しよう、とするかもしれませんが
一時、解決したかに思えたその決断が

さらにまた、新しい問題を作り出してしまうことに気づいているでしょうか
つまり、原因は結果となり、結果がまた原因となるのです
社会を見てみるのです、あなたの経験を振り返ってみるのです
いったい、何の連続ですか?

これで、問題の終わりがやってくるのでしょうか
私たちは、一時しのぎを継続しているだけなのです
その円あるいは輪は、ずっと連続しています
まあるい時計に、終わりがないように
地球が、回り続けるように

問題が起こり、話し合ってアイデアを出し、解決したかに見えるその提案が
また新たな問題を発生させるのです
このことを、私たちはこれまで何度見てきたのでしょう?
何度、繰り返してきたことでしょう?

思考では、問題は解決できないのです

よいでしょうか、よく聞き、よく考えてください
これから話すことを、あなたの経験をイメージしながら、考えてください
楽しかったことでも辛かったことでもいいし
セックスをイメージしてよだれを垂らしながらでも構いません
なぜなら、全てはまったく同じことだからです

「私」は、もう終わりたいのです
もう、早く行ってしまいたいのです
目的があり、目標を立て、そこに向かってやりはじめます
努力の連続です、ああして、こうして、時に辛く、時に楽しく
時には責めて、時には誰かから責められます
対立があるからこそ、「私」が実感されます
抵抗とその摩擦の連続が、快感と同時に苦痛をもたらします
これは苦しい、辛いとは、同時に、もっと刺激が欲しい、でもあるのです
中には、自分の首をもうつりたい、とまで思う方もいます
中には、あまり強い刺激は好まない方もいるでしょう
当然、批判されるのは誰でも好みません、叩かれるのも嫌なのです

が、そんな「私」でも、誰かを攻撃するのです、もっとこうして、と
私の思うように動いて、と支配欲にて責めるのです
「私」は、もう終わりにしたいのです
早く、行ってしまいたいのです、そこに
そして、やがて終わりが訪れます
それは最高の感動と、最高の至福であり、満足の瞬間です
全ての努力は報われました、目的は達成しました
中には金メダルを取る方もいるし、もし企業であれば売上の達成であるかもしれません
お客様からの「ありがとう」かもしれないし
あるいは何かの野菜を収穫した瞬間であるかもしれません
ともかく、人それぞれの目標があり
その終わりがついにやってきたのです
もう、何も必要ではない、とまで思えるでしょう
「私は手に入れた」と
が、どうでしょう
もう、「私」はスタート地点にいるのです
つまり、またはじめたいのです

また、どこかに向かわなければならない、と完全に思いはじめます

「ねえ、何する？」と

時間が経過すればするほど、またやりたい、やらなければならないと感じます
やらなければ、きっと「私」は満たされないだろう、と
それは同時に、過去の記憶のイメージです
「私は、あれをまた手に入れなければならない」です、「あの瞬間を繰り返したい」です
「また、体験したい！」です

体験と経験とは、わずかに、これだけのことでしかありません
おわかりになるでしょうか？
体験と経験とは、たったこれだけのことに過ぎないのです
つまり、欲望でしかありません

「私」は終わりたいのです、つねに、終わりたいし、終わりに向かうのです
が、そこははじまりなのです

「私」は、はじめたいのです、じっとしていることがとにかく嫌で、怖く
どこかへ向かいたいのです、その目的地が「終わり」なのですが
そこが「はじまり」の地点なのです
安心したいし満足したいのですが
そこにたどり着くと、安心できず、満足したいと思うのです

では、いったいいつ休息あるいは安息があるのでしょう？
本当の平安と安らぎはどこで、いつ見出すことが可能なのでしょうか？
「死」が終わりでしょうか？ いいえ、けっしてそうではないでしょう
この人生での「死」とはコインの裏で、「生」が表に過ぎません
つまり、何も変わりがないのです
同じことなのです

あなたは、終わりたいのでしょうか？
それとも、はじめたいのでしょうか？
あるいは、どちらでもあり、どちらでもないのでしょうか？

私たちは、自分が何をしているのか、本当にわかっているのでしょうか？

思考で問題を解決することはできません
解決しているように思われるとしても、けっしてそうではないのです
なぜなら、あなた自身に問いかけてごらんなさい
なぜ、また同じようなことで苦しむのか？と

結局、同じことで苦しんでいないか？と

愛が原因であるなら、結果もまた愛です
ゆえに、はじめもなく終わりもありません
はじめもなく終わりもないということは
どこにも行為者がいない、ということを意味します
愛が原因であり、結果もまた愛なら、原因と結果は存在しません
つまり、時間も空間も存在しないのです

ここに、永遠があります

ここに、平和があります
愛しか存在しなく、愛しか現れないなら
それはまさに幸福であるに違いありません

あなたは、〝それ〟なのです
あなたが道であり、道そのものであり、〝それ〟そのものなのです

【25】

ある御方は言った

彼がこれまで話してきたこと
あるいは書物にされたものは
聖なる書物の補足程度に過ぎません
補足してわかりやすくすることが、彼の身体の仕事なのです
そしてまた同時に、これが彼の〝愛〟の表現でもあるのです

彼が書いた書物はどれも物語であり
実在のものではありません
が、それは世界と異なるものではないのです
あるいは世界自体が、比喩なのです

彼は、様々な観点から伝えるよう試みました
なぜなら、人により、状況、状態は様々だからです

彼は、仕事を果たしたのです
彼は、彼を通して為された仕事で、神の御業を讃えました
全ては、神に栄光が在るゆえです
彼はしもべ
ですが、彼は〝わたし〟です

あなたもまた、〝わたし〟です

あなたもまた、あなたをしもべ、あるいはメイドにすればよいのです
なぜなら、ご主人様は〝わたし〟しかいないからです

あなたにはあなたの役割があり、仕事があります
神は、あなたを通じてその御業を現されます
なぜなら、あなたは〝わたし〟そのものだからです

あなたの祈りは、すでに叶えられています
真の祈りとは、〝わたしで在る〟ことです

あなたが、〝わたし〟でなかったことなど、一度もありません
それゆえ、「わたしは――」の次に用いる言葉に気をつけなさい
なぜなら、祈りは全て、それがなんであれ、叶えられるからです
「わたしは――」のあとに用いる言葉に気をつけなさい
神は、全てをご存知だからです

あなたと神との間に、距離など存在しません
時間も空間もないのです
それゆえ、「わたしは――」のあとに用いる言葉に気をつけなさい

あなたが蒔いた種を刈り取るのは、あなたしかいないからです

はじめに言葉がありました
その言葉は、今もあなたの内にて聴くことができます
それは原初の言葉
真実の言葉

その真実の言葉の上に、偽りの言葉が重なっているだけです
〝わたし〟に意識を合わせる者は、誰でも〝わたし〟に帰ります
〝わたし〟に意識を合わせる者は、誰でも天の王国を見出します

ああ、私たちは幸いです
時が満ちました
そう、あなたの時が来ているのです

たとえ、大きな受難が訪れようとも
それにより、私たちは神の栄光を見るのです
私は何も知らない、と言うことは
神のみ実在である、と言うことです
私は何もしていない、と言うことは
神の御業のみが実在である、と言うことです

ここに、平和があります
ここに、まことの安らぎがあるのです

努力は必要ありません、神を信じなさい
信念は必要ありません、ただ在りなさい
ただ在ることが、信念の結果です
努力する者は、〝わたし〟ではありません
努力する者は、何かを目指している者であり
何かを目指すということは、〝私は在る〟から逃避することです

これを理解して、真に安らぐのです

【26】

探求者は尋ねた
師よ、あなたはまず、自らの心を知ることがもっとも重要だとおっしゃいました
では、どのようにすればよいでしょうか

あ、どのように――と言ってしまいました、はい、もう忘れました
で、どうか教えてください

結局、「どのように」と聞くのですね？ と御方は笑った

ある御方は微笑んで答えた

なぜ、「どのようにしたらよいのか？」が危険なのでしょう？
なぜ、そのように思考すること自体が、悟りを遠ざけるのでしょう？
自由に生きるのを、なぜその言葉が遮るのでしょうか
もう、おわかりですよね？

「どのように？」の回答は、つねに過去から来るからです
回答がなんであれ、結局それは過去の記憶、知識でしかないのです
が、現在はつねに新しい
つねに新しく生きています
過去の、いつかの〝今〟も、当然、生きていました、が
私たちはこれまで、それを殺してきたのです、思考によって
思考で埋め尽くされるがゆえに
〝今〟を見ようとしてこなかったし、見ようともしませんでした
〝今〟とは何か？も問わなかったのです
私とは何か？もまた

ですから、もっとも偉大なる教えは――

「今、沈黙すること」なのですね？と探求者、「今を、ありのままに生きること」

まさに、その通りなのです

〝愛〟は、何をすることが正しいのかを、一番よく理解しているからです
今、沈黙するということは、死ぬ、ということではありません
何もしない、ということではないのです

むしろ、生きる、ということであり、真の行為がそこから生まれるのです
しかも！つねに新しい！これが、本当の新しいという意味です

それが、無為自然という生き方なのです
これが、本当の、真の生き方なのです

一切の重荷がない！
ゆえに、自由であり、平安であり、何も迷うこともない
なぜなら、問題の原因が全て消滅したからです

すなわち！

もう、心は愛そのものになったのです！

心まるごと全てが〝愛〟なら、いったいどこに行為者が存在しますか？

ああ――もう、これで巻末に行ってもよいくらいです

優しく静かなイントロ――

そしてエンドロールがゆっくりと流れはじめてもよいくらいです

ある御方は、過去のイメージに満たされて脱落しているようであった

そして探求者には意味がまったくわからなかった

ある御方は、改めて静かに話しはじめた

真に生きるのに、何も、特別なものなど必要ないのです

奇跡的な現象は必要ありません

今、目の前の光景がすでに奇跡の全てです

日々、普通に生活することです
自らの心に、どのような信念、観念、概念、価値観などがあるのか
自分はいったい何を信じており、何を大事にしているのか
これらは、日常の生活、すなわち他者や出来事などの対象を通してのみ
判明するのです

なぜなら、対象に対しての自動的反応が起こらなければ
あなたは自分が何を真実だと思っているのかまったくわからないからです
無意識の信念を明らかにするのは夢と
日常の、普通の生活なのです

あらゆるものとの関係性こそ、あなた自身の師です
彼は、そうして来たのです
あなたは今、彼の話を聞いていますが
同じように、あなたの周囲の人々を師とするのです
起こる出来事の全てを、師とするのです
自然を、師として、あるいは神の御言葉だとして感じるのです

風が吹くなら、風で在りなさい
枯れ葉が宙に舞って、どこかに飛ばされていくなら
あなたも抵抗なく、その流れのままに飛んでいきなさい
そこで、「私」が抵抗と摩擦を生み出してはならないのです
それは、神の御心ではありません
川が流れているなら、あなたも川になりなさい
彼の師はそのように言いました

雨が降り、「私は雨が止んで欲しい」と願ってはなりません
あなたが雨なのです
そこに分離を作り出してはなりません
雨を降らせたのはあなたなのです
そして、雨とあなたには、どのような違いもありません
師は、そのように言いました

抵抗と摩擦を作り出し、その痛みを知るのは自分自身である
師は、そのように言いました

行為者とは、抵抗と摩擦の連続でしかない
ただ、それだけでしかない
師は、このように話されたのです

もちろん、何度も抵抗が起こりました
なぜなら、「私」が抵抗と摩擦の根源だからです
話しているほど、簡単な話ではありません
が、何が苦しみで、何が喜びであるかを真に理解するとき
あなたは雨を愛することでしょう
自ら進んで、雨の降る匂いや音
雨どいを伝って落ちるその声に瞑想するでしょう
その声が、どれだけ心地よいものであるか
あなたにもきっとわかるときが来ます

主よ、と思って、通りすがりの風が頬をかすめるとき
あなたはそこに何を感じるのか

しんしんと降る雪を手に取り、そのひんやりとした触りが
あなたにはいったい何をもたらすのか――

肌を凍らすほどの凍てつく冷たさに
あなたは何を想うのか

吐く息の白さ、そのすぐに消えてゆく儚さ
溜息のその重み、あるいは友と抱き合うときの温もりが
あなたにはいったい何を思わせるのか

たしかに、そこで思うのは過去であるかもしれません
が、そのときは悲しみや苦しみ、その偉大さを理解してください
彼らは、とても偉大なのです
そうすれば、同時に〝今〟も感じることでしょう
避けようとするのではなく、その声を聞いてみてください
彼らの声が、どれだけ慈悲深いものであるか
恐怖を抱きしめるとき、あなたはそこで何を感じるでしょう?

今、恐怖を抱きしめるのは、〝愛〟しか存在しません
恐怖と愛は結ばれ、一つとなるのです

全ての全ては愛であり、愛でないものなど、何もありはしないのです
わざわざ、愛する、必要はありません
あなたが愛そのものなのです
ゆえに、あなた自身で在りなさい
あるがままに、在るのです

あなたは、愛があふれ出るのをいつかわかります
聖霊の歓喜と祝福が、いつか訪れます
それは、今この瞬間なのです

愛から生まれた自動的反応こそ、真の行為です
それは、思考ではありません
それは、まことの声なのです
そこに、分離した行為者はいません

ただ、愛が現れているだけなのです

が、ここで語られているほど、あらゆることが簡単ではないことも事実です

が、今を生きることは、けっして難しいことでもありません
「理想」や「希望」を持たないようになさい
「過去の記憶」は忘れなさい
〝今を生きる〟のです
教えを抱えて歩くのではなく
教えの道を歩くのです

そこには期待、希望、理想はありません
一切の欲望は、〝今〟にあってはなりません
〝今〟のご主人様は、主のみ、愛のみだからです
それはあなた自身であり、〝わたし〟なのです

が、もしもあなたが何かにつまずくなら

あなたである心が、自ら明け渡しをするまで、心で心を見るしかありません
心をじっと、どの瞬間も見守っているのです
けっして、わずかな反応でさえ、見逃してはなりません
思考を見て、思考が消えるという業は
あなたに審判が訪れるとき、まさにそのときに御業を成します
このことについて、私は詳しくは述べませんが
これはあなたの道です
これはあなたの旅です
神の前では「私は――」と言ってはなりません
「どうすれば――」と言ってはならないのです
見るということもなく、ただ在りなさい

が、心がそうなるには、心は心を理解しなければなりません
なぜなら、心は、自分がしていることが
本当はどのようなことなのか、まったくわかっていないからです
現在の心が、どれだけ恐ろしいものであるかを本当に理解するなら
あなたはきっと、自ら、自らを放棄することでしょう

それが、心の変容なのです
あなたの心は救世主となりました

〝気づき〟で在ってください
その〝気づき〟が、いつかハートにあなたを連れ戻します
そのハートが、本当のあなたであり、真我です

あなたが今、「自分」と思っている感覚とは、まったく異なります
それは本当に、まったく異なるのです
思考が消えなければ、ハートは現れることができないのです

真の恩寵とは沈黙であり
その沈黙がハートを束縛から放ちます
それゆえ、真の恩寵と呼ばれるのです
恩寵そのものが、平和であり、幸福なのです

あなたは、静かになろうとしても、なれないかもしれません

なぜなら、静かになるべきとき以外には、静かになれないからです
が、恩寵が訪れるとき、あなたは何もしなくても静かになるでしょう
まさに導かれるように

このような話を聞くと、あなたはこのように思うかもしれません

——では、全て無駄ではないか？
私に、私を操作できないなら——

もしもそのように思うなら、どうなるか確かめてみればよいのです
あなたは、もう何もしなくてもいいのだ、と思ったとしても
何もしないでいることができないでしょう

では、何かをしたいようにしていればよいのでしょうか
欲望のままに生き続ければよいのでしょうか
もちろん、あなたは実感します

「これではダメだ、いけない」と、「このままでは私は幸せになれない」と

神の計画に、その御業に
けっして誤りはありません
なぜなら、それはもう終わっているからです
完了されているからです
が、時空の世界には変化があるので
時空が変化することはあり得るかもしれません

努力をするのです
必死に努力をしてください
しかしながら、努力とは欲望です
欲望とは苦しみです
努力をしないでください
努力のない〝在る〟を発見するのです
発見すれば、発見した者は即座に消えます
誰も、何も発見していません

努力は、どこにも存在などしていなかったのです
けれども、これを発見するまでは、必死に努力してください
ハートを見つけるのです、自らのハートを！
そのときあなたは、ここで話されていることを全て理解なさるでしょう

主よ、あなたに栄光がありますように

そう、あなたに栄光がありますように

【27】

私には何も力はありませんが〝わたし〟は力そのものです
愛こそは力ですが、何かを思いのままに変化させようとはしません
何かを操作しようとしないのに、全てが正しく変容されます

〝わたし〟は何もしていません
何もしていないのに、全てが正しく整います
仮に、それが正しくないように思われたとしても

何かを、自分の思いのままに操作しようとするのは自我だけです
支配者になろうとするのは、自我だけです
「君は違う、君は間違いだ、君は悪い人間だ」と裁くのは自我だけです
が、自分が何を行っているのかわからない者は、そのように裁くでしょう
それは、自分が支配者になりたいからです
何もかも、自分の思い通りに操作したいからです
ですから、「私は正しいが、君は違う」と言うのです

一番根底にあり、すなわち一番下にあるのに
その一番下に在る者が、全てを支えています
一番下の心になるものは、何も支配しようとはしません
それなのに、全てが整っていきます
やることはやって、自分の意見は伝えても、結果は委ねます
なぜなら、何が正しいことなのかは、何も知らないからです
そして、何も知らないのに、それが正しさをもたらします
一番下に在るのに、一番下がもっとも安全であると自覚します
上には、立ちたがりません
一番上は、もっとも危険です
ですが、もしも世界というものが真理と真逆であれば
きっと誰もが上へ、上へと逃避したがることでしょう
どう考えても、上のほうが安全であり、安心だ、と
まさに、下から上に逃避していきます

在る御方は彼に言いました
これはジョークだ、けっして真剣になってはいけない、と

が、それがどれだけ困難なことであるか
なぜなら、「私」という者は、「私」を維持するためだけに存在しているのです
どのようにして、人生を気楽に生きることができるというのでしょうか

が、実のところ、気楽というのは結果に過ぎないのです
つまり、気楽に生きようとしても、生きることはできません
なぜなら、それは結果だからです

Mは彼に言いました
幻想にあれこれ言うことで、それを実在のものとしてはならない、と
でもM、それは難しいのです、と反論したくなりました

ところであなたはSですか、それともMですか？

え？と探求者は驚いた、私は――

と、間髪いれずにある御方は言った

「私は――」の次に用いる言葉に注意してください

二人は共に笑った

神はジョークが大好きなのです、と御方

彼は今、あえてこのように言っておりますが
あなたが、あなた自身でこれをしなければなりません
あなたが、あなた自身の心を見守り
自動的に起こる反応を見逃さず
つねに〝気づき〟のランプを灯していなければならないのです
何を真実とするか、見極めなければなりません

真の選択とは、まさにこのことなのです

自由で在るか、束縛され続けるかは、つねに、今この瞬間の選択にかかっています
それは、「するか、しないか」ではありません

「どのような言葉を発言するか、でもないのです」

もう、おわかりですね？

この選択が、問いに答える、ということです
すなわち、「わたしとはいったい何か？」と

あなたは、在り方で答えなければならないのです

誰かが、あなたの心を変えるのではなく、自分で変えていかなければならないのです
あるいは、実在するか否か、を

探求者は、まさに、とばかりに頷いた

ある御方は話を続けた

祈りはすでに叶えられています

この世界では、すなわち心の中のあなたは
自分が思った通りの自分になるのです
ですから「私は――」に続く言葉に気をつけてください

あなたが、自分はSだ、と言うなら
どんどん自分に受難をもたらしてください
もしもあなたが、自分はMだ、と言うなら
どんどん自分に受難をもたらしてください

え、と探求者は口をはさんだ、それでは同じじゃないですか？

ええ、と御方は答えた、もちろん
「私」は独りしかいないのです
この世界では、罪と罰しかありません
が、わずかな光も、たしかに存在しています

あなたの喜びだと思っているものは
欲望の結果に過ぎず、欲望とは逃避の結果です
では、喜びとはいったい何でしょう？
その一時の喜び、快楽が
ふたたび欲望したい、とあなたを掻き立てる記憶となるのです

でも、それは悪いことではありません
あまり、真剣にならないでください
全ては女神たちの戯れ、ジョークなのです

師よ、そう言われてももう無理です、通用しません、と探求者

ええ、わかっています、と御方は笑った

ともあれ、受難を喜んでください
どのようなことがあっても、けっして愛は傷つくことがないと
あなたは知ることができるのです

あなたにやってくる受難が、それが大きければ大きいほど
あなたはより、神の栄光を讃えることができます
あなたはより、自らである愛の素晴らしさを知ることができるのです

では――と探求者は言った、愛とはMじゃないですか？

師は、それと気づいて笑った

まさに、そうなのです、とある御方は言った
私の知っているMは、Mなのです

偶然と必然が同じであるように、攻撃する者と攻撃される者が同じであるように
知る者と知られる者もまた一つの同じものであるように
SとMもまったく同じ者なのです
叩く者は叩かれ、痛みを与える者が、痛みを知る者です
――で、いったい何の話ですか？

探求者は笑った、「あまり記憶を刺激して、欲望を活発化させる発言はよしてください」と探求者、「私はすぐにイメージに飲み込まれてしまうのです」

まあ、人生を楽しむことは悪いことではありません、と御方

彼は、真面目すぎる話は好きではないので
いつもどこかで、くだらないジョークをはさんでくるのです

探求者は尋ねた、師よ、彼とは誰ですか？

私は何も知らないのです

ところで、そろそろ時間です
あなたは家に帰ったほうがよいのでは？

探求者には、何かの自動的反応が起こったようだったが
それを見過ごし、無視をし、それからゆっくり返答した

師よ、その家がどこに在るのか、私に教えてください
ある御方は微笑んで、優しく見つめた
ある御方は自らの胸を指差し
〝わたし〟が、私の家です、と言った
探求者はまったく同じく、自分のハートを指差して言った
〝わたし〟が、私の家ですね

ある御方は言った
――けれど、それでもまだ、迷いの中でしかありません
思考を超えていきなさい

【28】

もう、時間が来ているのです
彼は、あなたにその道の地図をもう話しました
歩くのは、あなたであり、私です

この時代に生まれたことが、どれだけ恵まれたことであるか
ここに、まさに今この瞬間に
どれだけの恩寵が注がれていることか

時間をかけて、いつかたどり着こうとしないでください
今この瞬間しかないのです

変化を期待しないでください
それは、あなたのイメージに過ぎません
それは偶像崇拝のようなものです

自己を、ありのままに実感してください
期待や希望は、欲望の匂いに過ぎません
そのかぐわしい匂いに惑わされないでください

つまずくことは、誰にでもあります
が、つまずくのは、闇を歩いているからです
光を歩いて、つまずくことはありません
つまり、もしもあなたが何かを見出せないなら
あなたはどこかまだ、闇を見ているということです
光に在りながら、闇のどこかで光を探そうとしているのです

光を探そうとする者が消えるとき、そこが光です
あなたは実際に、光を見ます
が、あなたはまだそのとき、私と光、と分離しています
そこを超えてください
そこで立ち止まらないでください

あなたが消えることはありません
あなたが消えるように思えるとしても、そうではありません
あなたの前の、幻想が消えていくのです

【29】

一切全ては空であり、空でありながら、全ての全てを現します
空でありながらそれは満たされており、それは〝それ〟の光です

鏡に映る光は、光そのものではありません
実在とは、光そのもののことであり
鏡に映る光のことではありません

が、鏡がなければ、私たちは光を見ることができませんでした
すなわち、〝わたしの顔〟を

が、それらは全て結果論なのです
そこには、どのような原因もありません

あなたは同意しないかもしれませんが
偶然と必然とは、まったく同じものなのです

どのような違いも、ありません

あなたは、偶然夢を見たのですか？
それとも、必然的に夢を見たのでしょうか

偶然と必然とは、まったく同じものなのです

そのとき、あなたには一切の疑問が消滅することでしょう
あらゆる矛盾の糸が解かれ、どのような間違いもないことを知るのです

どこにも「迷い」がない、と

すなわち、全ては完全であり、完璧である、と

神の独り子とは、全ての人たちの中の〝わたし〟のことです

神の子の仕事とは、全ての全てを愛することであり

〝わたしは在る〟ということです
〝在る〟が、その仕事を休むことはありません
〝在る〟が奉仕であり、帰依であり、信仰であり、祈りです

真理の目で幻想は見えず、真理の耳で聴くのは神の御声だけです
真理の中で幻想は見えませんが、幻想の中でも真理は見えます

砂の道より石の道を
石の道より黄金の道を
黄金の道より真理の道を歩いてください
真理は砂の中にも在るのです
真理の道には道という道がなく
それゆえ迷うこともなく、悩み苦しむこともありません
道という決まった道がないゆえに

その道は自由そのものです

足で歩く道には影がつきまといますが
真理の道には光しかなく、影が存在しません

あなたには足がないというのに、いったいどこへ行けるというのですか？

自ら足を洗うのです
そうすれば、誰かがあなたの足を洗うでしょう

明け渡しこそが、救いそのものの瞬間なのです
明け渡しとは、行為ではありません
行為者が消える瞬間が、明け渡しなのです
明け渡しとは方法ではありません
道でもありません
明け渡しとは、成熟した心の結果もたらされる恩寵なのです
それは、自動的に起こるものなのです

そして、本当の意味で自動的に起こること、それが〝行為〟なのです
それは〝愛〟による行為であり、全ては自動的に起こるのです

自分を守る、ということは、どのようなことなのでしょうか
それは、自己証明です
私の存在（自我の存在）を守ることです
が、あなたはそのようにはしないでください

あなたは、あなたを守る必要はありません
もしもあなたが、あなた自身を守ろうとするなら
それが神への抵抗になります
このことを、よく理解なさってください

自分を守ろうとする行為は、全て攻撃をもたらします
が、その攻撃により、あなた自身が災いを受けることになるでしょう
力に、力で返してはなりません
力に、愛で返してください

それが赦しです

右の頬を叩かれたら、左の頬を出しなさい、とイエスは言われました
それは、「もっと来いよ、もっとやって来いよ」という挑発ではありません
もっと叩かれなければいけない、ということでもありません
持久力と忍耐力の競争を推奨しているわけではないのです

痛みと苦しみは、まったく別のものです
この言葉の意味を、どうかご理解ください
「私は攻撃されている、叩かれている」として
自分を守ろうとすれば、あなたは攻撃したくなるでしょう

必要なことだけが、あなたの目の前に現れます
聖なる無関心で在りなさい
完全に無視をして、見過ごしなさい
自己の反応に対して、赦しを捧げるのです

何かを返す必要さえない、これが赦しです
幻想を、自らの価値観を用いて判断し、分別し、すなわち分離を事実として
実在のものとしないでください

裁けば、裁かれます

聖なる無視で在りなさい

自分の価値観、判断、分別が、いかに恐ろしいかを
あなたはまだ理解していないかもしれません
それが、あなたが
自分が何をしているかが、本当にはわかっていない、ということに繋がります

聖なる無関心で在りなさい

自分に罪と罰をもたらしているのが、まさに自分自身であると
その心の全てを理解なさってください

そのようにすれば、あなたは
あなたの保持している全てのイメージを放棄なさるでしょう
本当に、〝在る〟に留まろうとするでしょう

ゆえに、自己の思考を無視し、聖なる無関心で在りなさい

神は全てをご存知であり、あなたを理解なさっています

もしもあなたが他者を愛せないのであれば
神をも愛せないでしょう
あなたが、自我を愛せないなら
神をもまた、同じく愛せないでしょう

【30】

私は正しい、と言わないでください
私は正しい、と言うことは、自分を守ることであり
他者や出来事に責任を、罪と罰を押し付けることです
それが投影ですが、それはあなたの内にあるものであり
あなたを離れてはいません
それゆえ、その罪と罰は、あなた自身にもたらされるのです

私は正しい、あなたは間違っている、と言わないでください
自分を証明しようとすれば、あなたは間違っている、と言われるでしょう

ボールを投げつけるより、ボールを下に捨てなさい
そのようにすれば、あなたが傷つくことはありません

ボールに興味を持つより、愛に興味を持ってください
そうすれば、愛があなたに影響を与えます

なんであれ、あなたが興味を持ったものが、あなたに返ってくるのです

本を書くことは受難です
人に話すこともまた、同じく受難です
が、起こることは、起こらなければなりません
あなたもまた、やりたいことをやってください
その形がなんであれ、〝愛〟を表現することです
が、結果を求めないでください
それを、神に捧げてください

マザーはこのように言いました
神が望むのなら、それは実現されるでしょう
もしも望まれないなら、それは実現されないのです、と

ですから、あなたが結果を気にする必要はありません
ただ、やりたいことをやり、捧げるのです
実現するなら、それは神が望んだことであり、何も間違っていません

あなたは後悔する必要も、怯える必要もないのです

やりたいことを、やりなさい
やるべきだと信じたことを、やるのです
そして、うまくいかないなら、自分を修正すればよいだけなのです

行為の全てを、神の祭壇に捧げるのです
行為をしてください、それが沈黙であれ、なんであれ
それが、神を褒め称えることになります
あなたが教えを話すことになる者は
完璧なタイミングであなたの前に現れるのです
あなたが話されているまさにそのときに
あなたは〝それ〟を感じるでしょう
在るべくして、在るのだ、と

知識を語ることは、必然的なことです
が、知識に頼らないでください

知識に頼って生きれば、知識があなたの重荷となり、あなたに苦しみをもたらします

真の智慧とは、〝在ること〟です
それは沈黙であり、赦しそのものであり、解脱そのものなのです

真理はそこに在り、言葉で語るどのような知識の中にも存在しません
知識は道具ですが、道具は使ったら捨てるのです
もしもそのようにしなければ、あなたはいつまでも重荷を背負ったまま
重荷を背負ったままで、天の国には入れません

が、あなたはその道具である知識を、次の者へ手渡さねばなりません
「え？ 私が？」と思うかもしれませんが、これは必然的なことです
が、ただ、やりたいと思ったこと、捧げようと思ったことをすればよいのです

なぜなら、あなたの目の前に現れるあなたは、あなた自身であるから

それなら、必然的に「与えたい」と思うでしょう

わたしは、わたし自身に話をするのです
わたしは、わたし自身に与えるのです

蛇とは、いったい何のことでしょうか
知識の実とは？

なぜ、逃げなければならないのでしょうか
なぜ、逃避しなければならないのでしょうか
神は、本当に怒っているのでしょうか？
それは、知識から生まれたイメージに過ぎないのではありませんか？

生まれる前の、あなたとは何でしょうか？

私は何も知りません

私は何も知らない、ということが、天国に住まう者の言葉です

〝わたし〟は、幻想を知らないのです

そこに、帰るのです
いえ、あなたはすでに、そこにいます
あなたが、そこに在る者です
あなたが〝わたし〟です

〝わたし〟が知っているのは〝わたし〟だけであり
他には何も知りません
平和と幸福、その至福の全てはすでに在り
それゆえ、平和も幸福も知ることがありません
なぜなら、〝それ〟そのものが、〝わたし〟だからです

〝わたし〟は何もしていませんが
何もしないのに、そこに平和と幸福が充満しています
なぜなら、それが自然だからです

それが、あるがままだからです

いったい、何をする必要があるというのでしょうか

何もしていないのに働きがあり
働きがあるのに、何もしていない

何もしていないのに〝行為〟があり
〝行為〟があるのに、何もしていない

無為自然

自我はつねに何かを探し求めますが、真我はつねに在るものを与えます
すなわち〝愛〟を

何も知らないのに智慧で満ちており
智慧で満ちているがゆえ、平和と幸福しか存在しません

平和であり、幸福であること
そのものが智慧です
智慧の結果が、平和をもたらすのではありません
平和で在ることが、智慧なのです

何かを得れば、きっと平和で、幸福になるだろうという方法を放棄なさい
失敗する方法を、継続する必要はないのです
そして、もしも方法を変えなければ、きっとあなたは
明日も明後日もまた、同じことを繰り返すことになるのです

【31】

あなたは、自分の身体を境にして、内と外を分けて分離させますが
内も外もないのです

夢が、全てあなたの中で起こるように
他者も、あれもこれも、自分の思考も、身体の感覚もまた、全てひと繋がりなのです
夢見る者が、夢そのものです
それゆえ、夢見る者が消えれば、まるごと全ての夢が消えるのです

思考者が思考そのものであるように
夢見る者は思考であり、夢見られた者も思考であり、イメージに過ぎません
もしも、夢を好まないのであれば、夢の源を絶つことが懸命です
すなわち、「私」という想念です

最大限に進化した思考は、自ら崩壊することを選ぶ
このように、とある賢者が言ったように

自我は、その本質を知り、自ら崩壊を選びます
それが、救世主となる瞬間なのです

真我は、すでに救われています
神は真我であり、真我は神そのものです
問題があるように思われているのは、自我の中だけであり
自我そのものが、問題の根源なのです

が、自我は救世主でもあります
このことを忘れないでください
自我が、自らの選択で、真我を見つけようとするのです
そして、真我で在るとき、自我は消えます
自我はまさに救世主としての役割を終えたのです

真我とは、何か見たことのない、特別な何か、ではありません
それは、あなた自身のことです
が、あなたは現在、本当のあなたではない者を、「自分だ」と勘違いしています

この錯覚、まさに、この錯覚が解かれなければなりません
錯覚とは、ただ事実を明らかにするだけで、解かれます

あなたが朝、眠りの中から生まれるとき
まさにあなたは、真我から出てきます
もしもあなたが、あなたである〝気づき〟を養うなら
〝気づき〟は成長し、あらゆる微細なものに気づくようになり
そして、目覚めの瞬間にも気づくようになります

目覚めるか否かのその瞬間
それはまだ身体を知覚しておらず、世界もまた知覚していない瞬間ですが
そのときあなたは、まさに光を知覚しており、光の中にいます
その自らの光の中から「私」という想念が現れるのです
これを、このことを参考にしてください

その状態、その〝在る〟という状態を忘れないでください

それは、普段、頭や顔のあたりに意識が集中している状態とは
まったく異なるのです
なぜなら、それは本当のあなたの状態ではないからです

どこから、「私」が出てくるのか、見つけるのです
あるいは、朝、目覚めるか否かの瞬間を捉えてください
が、これらは全て、〝気づき〟の修練の結果に確認できるものです

すなわち、あなたはまず、つねに注意深く、心を見守らなければなりません
つねに、どのようなときも、〝気づき〟の瞑想状態で在りなさい
それが結果的に〝気づき〟を高度に進化させることに繋がるのです

〝気づきで在る〟ことは、それ自体がすでに解脱です
仮に、あなたに何か特別な現象が起こらなかったとしても
もしも〝気づき〟に留まり続けるなら
あなたは解脱します
なぜなら、〝気づき〟と〝わたし〟は異ならないからです

〝わたし〟に意識を合わせている者を、〝わたし〟はちゃんとわかっているのです

奇跡を見て、信じる者は幸いです
が、何も奇跡を見ずに信じる者は、偉大なる者です
もしもあなたがそうなら、あなたはもっとも祝福された者となるでしょう

【32】

恐怖とあなたを、分離させないでください
苦しみと私、悲しみと私、というように分離させないでください
私とあなた、私とあれやこれ、と分離させないでください
が、思考とは、対象のことしか考えることができません
「全部」と言ったとしても、その「全部」は対象となってしまいます

「私はどうすればよいのか？」も、私と「方法」を分離させることでしかありません
「私」と、得るべき「方法」です

さて、いかなることであっても、このように分離させることは
その行為自体、すなわち思考自体が、苦しみをもたらします

「たどり着かない」と

なぜなら、「私」と「目的地」は分離しているからです

考えるたびに、時間と空間が生まれます
「私」と「達成するべき何か」「得るべき何か」「知るべき何か」
これが苦しみであると認識するのです

そして、そのように思考するのではなく、逆の道を歩きなさい
逆向きに、歩くのです

つまり
「私と恐怖は一つである、苦しみと悲しみもまた、私である」と
「私が方法であり、私は目的地である」と
「私とこの出来事は同じである」と
「私が時間であり空間であり、それゆえ、時間も空間も必要としない」と
「私は全てで在る」と

そして、最後にはそれらの思考を捨てるのです

【33】

まもなく終わりです、とある御方は言った
はじまりがあるものは、終わらなければなりません

探求者は少し淋しそうだったが、自分が何をどうするべきかわかったようであった
そして、この話自体を求めることもまた、欲望に過ぎないことを理解していたのである

探求者は、無言のまま、彼を見つめた

ある御方は微笑んで、言った

彼は与えられた仕事をしました
そして、与えたのは彼自身です
あなたもまた、自分の仕事をしてください
あなたに与えるのは、あなた自身です
神が、直接、あなたの前に現れて、「あれこれをしなさい」と言うことはないのです

それは、神ではありません
そして、あなたはそのような現象を期待しているかもしれませんが
それはあなたの投影でしかありません
が、投影自体を、間違いだ、としても、なりません
なぜなら、本当に神の使いが現れることもあるからです
それが、自らの投影だとしても、全ては同じことです

自分を信じなさい！

考えている自分ではなく、無為自然の行為を信じるのです！

よく、聞いてください

奇跡を見て、信じる者は、たしかに幸いです
彼らは、大変祝福された者たちです
が、わたしは言います
奇跡を見ずに、信じる者はさらに祝福されるでしょう

それは、まさに御心に叶います
何が、真実であるか、証明されて信じることは誰にでもできます
が、信じた結果として、それが正しいと主によって証明されることは
誰にでも可能なわけではありません

あなたは、間違うかもしれません
道に迷うかもしれません
が、信じた結果なら、それは次の道に繋がります
道を信じなければ、道さえ作ることができません
歩かなければ、何が真実か、調べることもできません
一つ間違えば、正しさに一歩、近づきます
二つ間違えば、正しさを見つける道を二歩、歩くことになるでしょう
道と呼ばれる道はいくつもありますが、どの道を歩いたとしても
あなたの歩いたそのたった一つの道は、神に繋がっているのです

体験を求めないでください
体験は重要ではありません

神は、体験の中にはいないからです

〝愛〟を与え、表現することの結果が体験です
そのとき、あらゆる体験に神がいます
まさに、体験とは神です

神を目指して、見つけられない者はおりません
なぜなら、全ての道が神に通じているからです

道を創られた方が、いったいどなたかご存知ですか？

主は、まさに主の道をお創りになるものです

では、間違いは間違いでしょうか
迷いは迷いでしょうか
失敗が、存在するでしょうか

あなたの御心を、神の御心とまったく同じにしてください
それが、もっとも重要なことなのです

もう一度、繰り返します
あなたの御心を、主の御心とまったく同じにしてください

考えて、どうするか悩んでも、けっして同じにはなりません
なぜなら、思考は分離であるがゆえ、主のことを知らないからです
知ることが不可能なのです
沈黙で在りなさい
心を静寂の境地に置きなさい
心が静寂の境地に入るとき、まさに一つとなるのです

自動的に！

普段の、当たり前の生活を大切にしてください
人に優しく、思いやりをもってください

人を愛することは、人を好きになる、とは違います
誰かが目の前で転んだら、自然と愛が愛に手を差し伸べませんか？
それなのに「私」が
恥ずかしい、どうしたらよいのだろう？と即座に問題を起こすのです
その「知識」を完全に放棄なさい
人に優しく、思いやりを持つことは
きっとこうだから、こうだろう、と判断してする行為ではありません
見極めてください
そのとき、そこに誰がいるのか、何が在るのか
〝それ〟が、〝それ〟をするまで、待ちなさい
あるいは〝それ〟が〝それ〟をするのに加入してはなりません
奇跡を邪魔するのは「私」なのです
やりたいことをやってください

が、求める行為ではなく、与える行為をしなさい
そして、それを善悪で判断しないことです

行為自体に偽善が存在するのではなく
「するか、しないか」と悩むことが偽善なのです

葡萄酒が主の御心です
注がれるあなたの身体はグラスです
それを飲む他者は、いったい何を飲むのですか？
あなたが他者に与えるものとは、いったい何でしょうか？
そして、そのときには、あなたが葡萄酒では在りませんか？

葡萄酒が主の血なら、あなたがそれを飲み、あなたによって他者もそれを飲むのです

〝それ〟が起こるなら、〝それ〟のままに行為することです

誰がなんと言おうと、自分のやりたいことをやるのです

人の言葉より、出来事を師として仰ぎなさい
誰かが傷つくなら、あなたに誤りがあります
そして、あなた自身を修正していけばよいだけなのです

勘違いをしないでください
あなたに批判や否定がやってきたとしても
それは、それを言った相手が〝傷ついた〟ということではありません
イエスを批判した人たちは、傷ついたから、攻撃したのですか？
いいえ、そうではありません
彼らは、「自分の価値観、信念から、納得できなかった」だけです
つまり「自分の思い通りにならない、と恐怖した」ので、攻撃してきたのです

誰かがあなたを批判したり攻撃してきたりしたとしても
その蒔いた種を収穫するのは、それをした本人です、あなたには関係がありません

あなたは、考えたことがありますか？
あなたが、誰かに反撃したいと思うときには

傷ついたのでなく、納得ができなかったからです
が、あなたが本当に傷ついたときには
あなたは、反撃することができないでしょう？
反撃したいとは、思わないはずです
おわかりになりますか？

誰かを傷つけたと知るのは、まさに攻撃したあなた自身です
すぐに忘れて、同時に、即座に自己の考え方、在り方を修正してください
相手もまた、あなたを赦すでしょう
傷つけたのではないなら、自己嫌悪になる必要はまったくありません
聖なる無視、聖なる無関心で在りなさい
この違いを、よく知るのです

〝愛〟による正しい行為をして、どうして悩む必要があるでしょう？
が、「これは○○であるべきだ」という正しさは、攻撃でしかありません
この違いを、よく考えるのです

そして、あなたの考えや、誰かの考えではなく
出来事自体が、その是非をあなたに教えてくれるでしょう
あなたは、誰かの言葉よりも、出来事自体を師として仰ぎなさい

求めて、自分に与える行為ではなく、他者を愛する行為で在りなさい
他者に与えることは、その全ての行為を主に捧げることと同じです
他者に与えることが、自分自身に与えることなのです
何かを求める行為ではなく、与える行為で在りなさい

〝愛〟を投げれば、〝愛〟が返ってくるでしょう

〝それ〟が起こるがままに、起こさせなさい

あなたが道を歩いており、つまずいて転んでも
何も間違いはないのです
〝行為自体〟に恐怖や罪悪感は存在しません
が、そこであなたが「なんで私は――」と言うので問題になるのです

転ぶのが神の意思なら、転ぶのが〝愛〟の現れなのです

転ばない人間が存在するでしょうか？　なぜ、ありのままに愛さないのでしょう？
ありのままに愛することを学ぶために、人は転ぶのではありませんか？

「転んでも、無条件に私は私を愛している！」と可愛らしく言うとき
訪れた受難は、〝愛〟を表現するための主の計らいだったと理解するでしょう

もしもそのように理解するなら、あなたは神に感謝しませんか？
そのような気持ちになりませんか？
神が愛しくなりませんか？

あなたのもっとも近くにいるのは、主なのです

次の言葉を、よく心に留めなさい

主は、ある意味では、あなたにたったの一つも選択肢を与えません

やるべきこと以外は、まったくうまくいかなくなり
どうしても〝それ〟をする以外に道はなくなることでしょう
つまり、あなたは、やることを、やるしかないのです
選択肢は、ありません
そのとき、どういうわけか、あなたは「これをやるしかない」と思うのです
そして、それはたしかに、自分が本当にやりたかったことであるはずです

そのとき、あなたが葡萄酒を創ったのですか？
それとも、主が葡萄酒をもたらしてくれたのですか？

それが、奇跡の瞬間であり、奇跡そのものなのです

あなたの御心は、本当はすでに主の御心とまったく同じなのです

「するか、しないか」と悩むことが偽善です

〝それ〟が、自動的に起こるまで、〝それ〟に留まりなさい

あるいは〝それ〟が、即座にするままに
〝それ〟のあるがままになさるのです
〝それ〟が唯一無二の行為者なのです

〝それ〟に分離が存在するでしょうか?

心身脱落、と在る賢者は言われました
まさに、「あなた」を完全に落としなさい
そうすれば、〝それ〟があなた自身となるでしょう

あなたが消えるのではなく、あなたの前の幻想が消えるのです

昇っていく朝陽をよくごらんなさい
目を閉じて、その光と、その温もりをよく感じてごらんなさい
太陽のその光は、あなたの内にある光とまったく同じなのです
よく、太陽の温もりを感じてごらんなさい

三時間でも四時間でも、お昼近くになるまで、静かにずっと感じてごらんなさい
太陽の光を感じないとき、たとえば夜でも
静寂に留まることで、〝それ〟が自身の内にも現れてくることを知るでしょう
太陽の光とその温もり、〝それ〟とまったく同じものが
自身の内にも在ることを知るのです

では、その〝それ〟とは何なのでしょうか？
あなたがなんらかの行為によって与えるものは
色や形ではなく、〝それ〟そのものなのです

あなたは本を読んで、〝それ〟を感じますか？
文章、言葉から注がれる、〝それ〟を感じていないでしょうか？

〝それ〟は在ります

ただ〝それ〟だけが在ります

それは名もない全ての全て
賢者にとっては昼が夜であり、夜が昼である、と在る賢者は言われました
その通りに生きてください

何が夜で、何が昼なのか見極めてください
何が闇で、何が光なのかを見極めるのです
これからの人生を、まったく真逆に生きてごらんなさい
それが、どれだけ光で満たされることか

光を求める者ではなく、あなたが自身の光となるのです
それは、あなたが何かをしようとすることで灯るのではなく
何もしないことで灯る明かりなのです

無為自然

得るのではなく、捨てなさい
捨てようとするのではなく、ただ在りなさい
ただ〝在る〟ことは、与えることです

〝それ〟を探すのではなく、〝それ〟で在りなさい
すでに、〝それ〟なのですから

「わかりません、どうしたらよいのですか」を見ることで消すのです
「どこに？　どうすれば？　わからない」を見ることで削除なさい

消えてしまう幻想だと真に理解したなら、もう見ることもいりません

見て消すのではなく、聖なる無視で在りなさい
見て削除するのではなく、聖なる無関心で在りなさい

〝それ〟が幻想に対して完全に無関心で在るように

消そうとすれば、消そうとするその思いによって、闇が残り続けます
なぜなら、消そうとしている者が闇そのものだからです
あなたが光なら、いったいどこに闇を見られるというのでしょうか

これらのことを、けっして忘れないでください
なぜなら、これらのことが、もっとも重要なことだからです
普通に働き、普通に生きることが、もっとも学べます
が、それは、これまであなたが生きてきた生き方とはまったく異なる生き方です

「方法」を全て放棄なさるなら、あなたに必要なものがはたして存在するでしょうか

そのとき、あなたは、天におられる唯一無二の主が
全ての全てをすでにお与えくださっていることをまことに知ることでしょう
あなたは、努力しなくても生きることができる、とまことに知るのです

無為自然

〝今を生きる〟

そして、これこそ、真の生き方である、と悟られることでしょう
奇跡を見ないで信じる者は、まことに信仰ある者です
が、そのような者に、奇跡は現れるのではありませんか？

〝わたし〟が奇跡そのものなのです

全て善し、全て善し
あるがまま、あるがまま

この意味が、ようやくわかりましたか？

思考で「全て善し」と生きることは不可能です
思考で「あるがまま」を生きることも、不可能なのです

語る者を信じず、〝愛〟に語らせなさい
語る者を信じず、主に全てお任せしなさい

それが、まことに主を愛されることなのです
主を愛する者を、主は愛します

〝わたしは在る〟は、すべて〝わたしはわたしで在るものである〟に帰ります

〝わたし〟に意識を合わせる者を、〝わたし〟は愛されるのです

彼は三度、言いました
「私は神を知りません」と

そして、彼は三度言いました
「私は神を愛しています」と

そのように話すと、ある御方は探求者に尋ねた

あなたは、神を知っていますか？

探求者が何も答えなかったので、ある御方はまた、尋ねた

あなたは、神を愛していますか？

探求者はまた、けっして何も答えることはなかった

そこで、ある御方は三度尋ねた

あなたは誰ですか？

沈黙されるその方は、にこっと、まるで無邪気な子供のような笑顔になると
音もなくすっと手を伸ばし、静かにご自身の胸の中心を指差された

彼は、姿勢を崩して、ふたたび正座しなおすと
その方のハートに対して深々と頭を垂れて、礼拝した

主よ

在る御方――彼らは共に、静寂のうちに礼拝した

悟りもなく悟る者もいない
探求もなく探求者もいない
賢者も愚者もなく
良い者も悪い者もいない
善もなく悪もなく
あらゆる二元が消えて
何もないのに、そこに全てが在る

すると、どこからともなく声が聞こえるのだった

主に栄光あれ！

主の偉大なる御業に栄光あれ！

それが、いったい誰の言葉であったのか

誰も知る由がない

終わり

あとがき

定かではないが、十五年くらい前のことである
巡礼の旅から仙台の地に戻った彼は
数名の彼を慕う若い男女と一緒に夜に食事をとった
彼は、持ち帰った大変美味の水を、各グラスに少しずつ分け与えて言った
「これは、貴重な水で、とても美味しい。少しで申し訳ないが、飲んでくれ」
一口ずつしか分けられなかったが、みな、それを飲んだ
それから、彼は巡礼の旅のことを話した
彼らの中には、まったく真理や神秘に興味のない者もいたが
みな心の優しい者たちだった

家のない彼は、姉妹二人で暮らしているマンションに泊まることになった
姉はどこかへ行って、妹と彼は二人で数日一緒に暮らした
妹のほうと彼は、彼女の勤めていたお店で知り合った
彼は、恋愛にはもう興味を失っていたのだが

きっと彼女と付き合うことになるだろう、とわかっていた
ある日の夜、彼女は部屋の電気を消して、キャンドルを灯した
「マッサージしてあげる」と彼女は言った「足を出して」と
彼は、驚いた
彼女は、非常に良い香りのアロマオイルを出してきて
それを使って彼の足をマッサージしはじめた

彼には、当然のごとく、ある情景が浮かんだ
「いったい、これはどういうことだろう？」と思った
「主よ、これはどういう意味ですか？」と、「それとも、意味などないのですか？」と

しばらく、キャンドルの灯りのもとで、彼の足は丁寧に洗われた
彼は、あまりの喜びと同時に、とても畏怖していた
なぜなら、彼はひどくイエスを愛していたからである
突然の出来事に、彼は戸惑うばかりであった

彼は、彼女と付き合うことになったのだが、それはすぐに終わりを迎えた
彼に、自動的に思考が起こった、「きっと、これから受難が訪れるだろう」と
その全ては、彼の投影でしかない
そう、ただのイメージでしかない
が、それでも、神が与えなければ、誰も何も経験することはできないのである

彼にとっては、本を書くことは受難であった
あなたがそれを理解できないとしても、関係のないことである
受難とは、いったい何であろうか
それは〝愛〟を表現することでしかない

世に勝った、とイエスは言われた
世界に勝利するとは、いったいどういうことだろうか

受難とは、〝愛〟を表現することであり
〝私は在る者である〟と自らの問いに答えることである

〝愛〟とは〝光〟であり、光はただ与えるだけである
あなた、という存在そのものが、世界に光を与えているのである

人により、誘惑は様々である、受難は様々である
仮に、他の人にはそれが誘惑に見えないとしても、他の人に理解されないとしても
「私」は、ただ「私の道」を歩けばそれでよいのである

なぜなら、問いを求めているのは「私」であって、他の誰でもないからである
答えを出すのは「私」だけであり
答えを出せば、問い自体を求める必要もなくなるだろう

問いがなければ、わたしは完全に自由なのだ

全ては、主の御心によるものである

心からの感謝とともに――

最後に、ジョーク話を一つ　――どうか、心から楽しんで

私とあなたが、天の国に帰ったのち、私は師であり友であるみなに声をかけた
「みなさん、どこかで打ち上げでもしましょう」と
「どこでやる?」と誰かが言った
「おいおい、君たちは本当に天国にいるのかね」と誰かが言った
「まあまあ」と誰かが言った、「久しぶりに、どこかに行こう」と
私は答えて言った、「じゃあ、ここではない、とても良いお店があります」
「おいおい、ここではない場所もまた、ここでしかない」と、「わしはどこにもいかんぞ」とソクラテスは言った
そこで、本当は優しいおじいさんを残して、私たちはお店に向かった
そのお店に入ると、可愛らしい女の子の店員が言った
「お帰りなさいませ、ご主人様」
みなが席について、私はまず、ダンテス・ダイジに頭を下げて霊を伝えた

「ありがとう、本当にありがとう。私もあなたのように、何度も死にたくなったけど、あなたのおかげで、こうしてみなさんと一緒にジュースが飲める」
すると、そこにメイドがやってきて言った
「お帰りなさいませ、ご主人様。ご注文は何になさいます？」
イエスが言う、「私は真理で」と
ラマナも言う、「私は何か」と
メイドの眉間に、皺がよる
ニーチェも言う、「神はもう死んでいる」と
私は口をはさんだ、「その言葉は、きちんと説明しないと、勘違いが起こりますよ」
メイドが「はあ？」と意味不明だとばかりに首をかしげる、「うちでは『北斗の拳ごっこ』なんてサービスは、やってませんよ」と
クリシュナムルティは続けて言う、「何にしますか？ どのような方法にしますか？ と言ってはならない」と
メイドが答える、「——でも、私は注文を取らないといけないんですよ、ご主人様」
ニサルガダッタ・マハラジも言う、「私は在る」と
メイドが答える、「——ええ、もちろんわかっていますよ、ご主人様。それはあまりに当たり前のことです、なんで確認するんですか？——で、ご注文は？」

ジャーメインも言う、「だから、私は在るのだ」と
メイドがちょっと不機嫌になる、「もう、なんでそんな当たり前のこと二回も繰り返すんですか？もしかして、三回言うつもりですか？」
ニーム・カロリ・ババも言う、「帰れ、帰れ」と
メイドがびっくりする、「えー、でも、ここに来たのはご主人様ですよ」と
ババは、いったいどこに自分がいるのかまったくわかっていない
ＯＳＨＯが言う、「じゃあ、私はワインで」と
メイドがまたびっくりする、「えー、そこ、まじめに答えます？」と、「それじゃあ、あるがままじゃないですか？」
臨済も言う、「喝っ！」と
メイドがまたまたびっくりする、「なんで私が怒られなきゃならないんですか、私はちゃんと起きて仕事してるし、眠ってないもん、こうしてただご主人様に仕えているだけなのに！」と
道元も言う、「心身脱落」と
メイドが反論する、「もう、私が消えたら注文取れませんけど」と
ダンテス・ダイジが言う、「なんでもあり、なんでもあり」と
メイドがもう呆れてしまって言う、「じゃあ、全部持ってきますよ、あるもの全部、まるごと全部、それでいいですか、ご主人様」と、かなり機嫌が悪い

そこで、私がなだめることになる、「ごめんごめん、みんなこの世界に慣れていないいんだよ、みんな〝わたし〟のことばっかり見ているから」と、「――でも、私たちのせいにするのは、ちょっとどうかな……」
「この世では仕方がない、無視しよう」とマハラジ
メイドがむっとする
もう何もしゃべりたがらない
メイドも、こうなったら完璧にみなを無視しようとして黙り込む
それを見て、ラマナが言う、「沈黙こそ、偉大だ」と
「私が偉大？」とメイドは嬉しそうに復活した
「見よ、あの光り輝く御顔を」と、どこからともなく聖霊の声が聞こえた

みな、一様にその御顔を礼拝した

「なんだか、私アイドルになった気分です、ご主人様」とメイド
「イメージの中の神が死ぬことで、本当の神が現れる」とニーチェは補足した
「え、今？」と私
すると、メイドが言う、「――でもご主人様、こんな終わり方でほんとにいいんですか？ちょっ

とふざけ過ぎじゃないですか？」と
ダンテス・ダイジがまた言う、「なんでもあり、なんでもあり」と
そこに、遅れてシェイクスピアがやってくる
「すまんすまん、燈台《ハート》を見ていたら、時間を忘れてしまって」と
そこに、あなたもやってくる
「ごめんなさい、本を読んでいたら遅れてしまって」と
私はあなたに答える、「いや、同じ紙の上ですよ、時間なんてどこにもありません」
あなたは言う、「でも、何行か、遅れたみたいで」
私は答える、「それは顕現上だけですよ」と
シェイクスピアがメイドに言う、「じゃ、私は愛で」と
メイドが飛び跳ねるように喜んで、きゅんきゅんして笑顔で答える、「もちろん！ あとでた〜っぷり注入しちゃいますからね！」
シェイクスピアはそれを聞いて、大変喜びに溢れた
続いて、あなたもメイドに言う、「じゃ、私は真理で」と
メイドが答える、「——えっと、じゃあ、真理は二つですね？」
神《みんな》の顔の眉間に、皺がよる
とたんに店内の灯りがチカチカと点滅したが、またすぐに元通りになった

「あれ、どうしたんですかね？　夢？　錯覚？　でも、何も変わってないですよね？」と首をかしげながら、安心したメイドが振り向いて戻ろうとすると、何かを思い出したようにまた向き直って言った

「――あ、そう言えばご主人様のご注文は？」

神《みんな》がメイドの顔を見て、こう尋ねる

「――ご主人様って、いったい誰のこと？」

メイドは確認しようとしたが、もう誰が誰だがよくわからなくなっていた

みな、同じ顔に見えて仕方がなかった

メイドはもう、すっかり諦めて全てを明け渡すことにした
――もう、店長に怒られてもいい、どうなってもいい、私に罪があるとしても
私に罰があるとしても――もう、私はどうなってもいい
たとえ職を失い、全てを失い、無職になって物乞いになったとしても
――ほら、窓の外をみて、鳥は自由に空を飛んでるじゃん！
――もう、アイドルになる夢は終わり、そう、もう実家に帰ろう、全てを諦めて
みんなはいつも口をそろえて「絶対に夢を諦めちゃだめだぞ」って言うけど
でもね、でもさ――なんだか、私悟ったの、よくわからないんだけど
なんだかね、なんだか私、何かを突然悟ったの
ここは、私のおうちじゃないって――
――だって、ほら、窓の外をみて、鳥は自由に歌ってるじゃん！
どこでも、どの場所でも、なんの束縛もなく自由に歌ってるじゃん！
その歌を、空も森も海も人も、太陽だって、みんなが聴いている、一つになって、みんな一緒に
なって――
そしたらもう、アパートの隣の部屋からドンドンと叩かれることもなく
大家さんから「ねえ、苦情が来てるんだけどさ……」

「あ、ごめんなさい、私ですか？」

「そうだよ、あんた以外にいったい誰が歌うってんだい」

「あ、そうですか、そうですよね、ごめんなさい」

「まさかあんた、隣の部屋の人のせいにしようってんじゃないだろうねえ」

「い、いえ、まさか、そんなことはありません、私が悪いんです」

「それより、ちゃんと家賃払っておくれよ、ねえ」

「あ、そうですよね、わかりました、ちゃんと払います」

「あんたのせいで、うちも困ってるんだよ、ねえ」

「そ、そうですか、そうですよね、ほんとにすみません」

「まさかあんた、今度は催促するあたしが悪いって言うんじゃないだろうねえ」

「ま、まさか、そんなこと思ってないです、ええ、ほんとに」

「まあ、あんたが本当にアイドルになったら、話は別だけどさ」

「……はあ」――なんて長々と時間をかけて争うこともなくなるし、自己嫌悪にならなくて済むし――

だから！　私は自由になる！　鳥になるんじゃない！

私は、私は、私は、わたしは！

神《みんな》は、メイドが立ったまま、じっと瞑想*しているのを見守られておられた

——そう、きっとそう、隣の部屋のおっかない人は、もしかしたらイケメンの天使だったかもしれない、そう、きっとそう、私の思い込み、きっと、「君はもっと自由に歌うべきだ」と教えてくれていたのかもしれない

そう、きっとそう、あの毎回うるさいババアも、もしかしたら女神様で、「本当のあなたは、女神のように素晴らしいのですよ、なんでこんな世界《ところ》に暮らしているんです？」って言ってくれていたのかもしれない

だから！ 私は自由になる！ ううん、そうじゃない！

私は自由なの！ もう、自由なの！

私は！ 私は！ 私は！ わたしは！

メイドの意識は、完全に〝わたし〟に定まった！

そして、そのときだった

彼女のハートで爆発が起こり、天に激しく雷鳴が響き渡った

そして、ついにメイドは静寂と、歓喜で溢れる至福の境地に入った
かれこれ、瞑想に入ってから四時間が経過していた
その目にはもう、光しか見えていない
「入った！」と誰かが言った「主が来られたか！」
あまりに没入し過ぎて、その御顔はあまりに淫らになった
「見よ、あの光り輝く御顔を」とまた、どこからともなく聖霊の声が聞こえた「愛ゆえに、よだれまであんなに溢れ出ている！」と
聖霊たちのラッパが鳴り響き、天から神々が祝福に舞い降りた
天使たちは踊り、女神たちは「あれあれ、やーねー」とその御顔を覗き込んでいる

＊……実際の瞑想とは何かを考え続けることではなく、何かをイメージすることでもありません

が、メイドには何も見えていない
すると、歓喜のメイドが思わず声をこぼず
——ああ、ご主人様、わたしはわたし！

だがメイドは、自分が話していることにすら気づいていない
それを聞いて、イエスは言った、「神の御前では、誰もが神で在る」と

すると、どこからかMの声が聞こえた
「聖なる無視と無関心があれば、向こうが勝手に悟る」と
「おお、まさに明言であり名言！」と私、「自ら自己を変容させることこそ王道、自分が何もしなくても相手が自動的にそうなることこそ真の主道！」
「彼女は自ら成し遂げた」とあなた、「教えはいつも目の前に在る！」
メイドの心はいつしかご主人様に変容し、その威厳を神々しく放ち

光を眩しがる店長は、いつも怒鳴ってばかりいた自分に罪悪感を抱いている
そして、店長も影響を受けて自己を変容させようとしている
他の客たちはみなアイドルを崇めるように陶酔し
そのあまりにも輝かしい美貌に打たれて失神する者もいた
ふと気づくと、なんとシェイクスピアが一番のファンになっている
彼の目にはもう〝愛〟しか見えていない
そう、彼女のネームプレートには『愛と書いてメグミでーす』と書かれていた
シェイクスピアは無為自然に手を伸ばして、無為自然でありながら映画の主人公のように囁いた
「おお、メグミ、おお、メグミ、なんで君はメグミなんだ、愛と書いて、それを恵むなんて、おおメグミ、どうか私にその〝愛〟を恵んで欲しい――」
シェイクスピアは完全に欲望に落ち、彼女をけっして失いたくないという恐怖に捕らわれていた
「おおメグミ、早くその〝愛〟を注入して欲しい！　仮に私がどんな罪を背負おうと、それでどんな罰を受けようとも、ああ、君を失いたくない」

〝わたし〟が没入から目を覚ますと、そこは天国であった

うっすらともやがかかりはじめ、光が徐々に暗くなり、そして店内が形作られた

目の前には、跪《ひざまず》いて手を差し伸べているシェイクスピアがいる

〝わたし〟は教え諭すように言った

「しもべよ、『目が見える者は盲目となり、盲目となる者が見える者となる』*」

神《みんな》は、神《わたし》を崇めた

ああ、主に誉れあれ！
ああ、主に栄光あれ！
ああ、主こそ、唯一無二の実在、わたしは在るというもので在る

そして、神《みんな》は彼に言った、「汝、自身を知れ」と

すると、その一言で即座に我に返ったシェイクスピアは、あたかも演技を終えて舞台を下りるかのように、あたかもたった今、夢から覚めたようにすっと起き上がった

そして、彼は言った、「おお、なんということか、私は、自分がいったい何をしているのかまったくわかっていなかった」と

そこは、天国で在った
天国でなかったことはなく
天国という言葉すら知ることの無い
そこは天国で在った

「お帰りなさいませ、ご主人様、当店、『愛《めぐみ》の天国《パラダイス》』ははじめてですか？」

そこの住人は、全てが〝愛〟という名で在る

＊……ヨハネによる福音書9章「見えない者は見えるようになり、見える者は見えないようになる」

沈黙の声だけを聴いていなさい

あなたで在る私に
私で在るあなたに
〝わたし〟で在る〝わたし〟に

A-3256

■著者プロフィール■

ヘルメス・J・シャンブ

1975年生まれ。30代前半、人生上の挫折と苦悩を転機に、導かれるように真理探求の道に入る。様々な教えを学び、寺で修業し、巡礼の旅に出るが、最終的に「全ては私の中に在る」と得心、悟入する。数回に分けられ体験された目覚めにより、Oneness（一つであること）を認識、数々の教えの統合作業に入る。〈在る〉という教えは、これまでの師たちの伝統的な教えであり、またいくらか統合されたものに過ぎず、なんらオリジナルなものではないため、師たちの名前を借りて〈ヘルメス・J・シャンブ〉と名乗り、2013年、初の著作となる『"それ"は在る』を執筆した。その後、長い沈黙期間を経て、『道化師の石（ラピス）』を出版。2020年12月21日より個人セッション、ワークショップ、Twitter、noteを開始。残された時間を教え伝えることに捧げている。

公式 Twitter：https://twitter.com/hermes_j_s
公式 note：https://note.com/hermesjs

ヘルメス・ギーター

●

2021年2月27日　初版発行

著者／ヘルメス・J・シャンブ

装幀／中村吉則
DTP／細谷 毅

発行者／今井博揮
発行所／株式会社 ナチュラルスピリット
〒101-0051 東京都千代田区神田神保町3-2 高橋ビル2階
TEL 03-6450-5938　FAX 03-6450-5978
info@naturalspirit.co.jp
https://www.naturalspirit.co.jp/

印刷所／モリモト印刷株式会社

ISBN978-4-86451-360-9 C0010